上海市工程建设规范

自动化集装箱码头建设技术标准

Technical standard for construction of automated container terminal

DG/TJ 08—2371—2021
J 15983—2021

主编单位：中交第三航务工程勘察设计院有限公司
批准部门：上海市住房和城乡建设管理委员会
施行日期：2022年2月1日

同济大学出版社

2022　上海

图书在版编目(CIP)数据

自动化集装箱码头建设技术标准/中交第三航务工程勘察设计院有限公司主编.—上海：同济大学出版社，2022.10
 ISBN 978-7-5765-0185-8

Ⅰ.①自… Ⅱ.①中… Ⅲ.①集装箱码头—自动化系统—系统设计—技术标准 Ⅳ.①U656.102-65

中国版本图书馆 CIP 数据核字(2022)第 045390 号

自动化集装箱码头建设技术标准
中交第三航务工程勘察设计院有限公司　主编

责任编辑　朱　勇
责任校对　徐春莲
封面设计　陈益平

出版发行　同济大学出版社　www.tongjipress.com.cn
　　　　　(地址：上海市四平路 1239 号　邮编：200092　电话：021-65985622)

经　销	全国各地新华书店
印　刷	浦江求真印务有限公司
开　本	889mm×1194mm　1/32
印　张	3.125
字　数	84 000
版　次	2022 年 10 月第 1 版
印　次	2022 年 10 月第 1 次印刷
书　号	ISBN 978-7-5765-0185-8
定　价	30.00 元

本书若有印装质量问题，请向本社发行部调换　　版权所有　侵权必究

上海市住房和城乡建设管理委员会文件

沪建标定〔2021〕564 号

上海市住房和城乡建设管理委员会
关于批准《自动化集装箱码头建设技术标准》
为上海市工程建设规范的通知

各有关单位：

由中交第三航务工程勘察设计院有限公司主编的《自动化集装箱码头建设技术标准》，经我委审核，现批准为上海市工程建设规范，统一编号为 DG/TJ 08—2371—2021，自 2022 年 2 月 1 日起实施。

本规范由上海市住房和城乡建设管理委员会负责管理，中交第三航务工程勘察设计院有限公司负责解释。

特此通知。

上海市住房和城乡建设管理委员会
二〇二一年九月九日

前 言

根据上海市住房和城乡建设管理委员会《关于印发〈2019年上海市工程建设规范、建筑标准设计编制计划〉的通知》（沪建标定〔2018〕753号）的要求，由中交第三航务工程勘察设计院有限公司会同有关单位经广泛调查研究，认真总结实践经验，参照国内外相关标准，并在反复征求意见的基础上，制定本标准。

本标准的主要内容有：总则；术语；基本规定；总体设计；信息化管理系统；单机设备控制系统；施工；调试；维护。

各单位及相关人员在执行本标准过程中，如有意见和建议，请反馈至上海市交通委员会（地址：上海市世博村路300号1号楼；邮编：200125；E-mail：shjtbiaozhun@126.com），中交第三航务工程勘察设计院有限公司（地址：上海市肇嘉浜路831号；邮编：200032；E-mail：ccccshy@theidi.com），上海市建筑建材业市场管理总站（地址：上海市小木桥路683号；邮编：200032；E-mail：shgcbz@163.com），以便修订时参考。

主 编 单 位：中交第三航务工程勘察设计院有限公司
参 编 单 位：上海振华重工（集团）股份有限公司
上海国际港务（集团）股份有限公司
上港集团尚东集装箱码头分公司
中建港航局集团有限公司
主要起草人：程泽坤　林星铭　杨育青　王　超　何继红
　　　　　　　刘广红　赵　斌　徐兆祥　孙金余　罗文斌
　　　　　　　唐勤华　韩时捷　姚　宇　蔡波妮　吴恺一
　　　　　　　胡　静　江　灏　王　岩　马　矜　黄志伟

主要审查人: 金晓博 唐洲 胡千乔 余政 秦飞 何钢 张传捷 郭亮 刘光宇 张氢 严云福

上海市建筑建材业市场管理总站

目 次

1 总 则 ··· 1
2 术 语 ··· 2
3 基本规定 ··· 3
4 总体设计 ··· 5
   4.1 一般规定 ·· 5
   4.2 平面布置 ·· 6
   4.3 装卸工艺 ·· 10
   4.4 道路与堆场 ·· 18
   4.5 供电与照明 ·· 21
   4.6 通 信 ··· 22
   4.7 中央控制室、数据中心与综合布线 ······························ 23
   4.8 给水、排水与消防 ·· 24
   4.9 环境保护与节能 ·· 25
   4.10 安全与港口设施保安 ·· 26
5 信息化管理系统 ··· 29
   5.1 一般规定 ·· 29
   5.2 体系架构与系统配置 ·· 29
   5.3 码头操作管理系统 ·· 30
   5.4 设备管控系统 ·· 31
   5.5 工业电视系统 ·· 34
   5.6 闸口管理系统 ·· 35
   5.7 冷藏箱管理系统 ·· 36
   5.8 危险货物集装箱管理系统 ·· 36
   5.9 网络与信息安全 ·· 37

6	单机设备控制系统	39
	6.1 一般规定	39
	6.2 集装箱装卸桥	39
	6.3 堆场场桥	44
	6.4 水平运输设备	47
7	施工	48
8	调试	49
	8.1 一般规定	49
	8.2 单机设备	50
	8.3 信息化管理与控制系统	52
9	维护	54
	9.1 一般规定	54
	9.2 单机设备	55
	9.3 信息化管理与控制系统	56

附录 A 装卸设备与管控系统调试记录表 58
附录 B 装卸设备与管控系统维护记录表 60
本标准用词说明 62
引用标准名录 63
条文说明 65

Contents

1 General provisions 1
2 Terms 2
3 Basic requirements 3
4 General design 5
   4.1 General requirements 5
   4.2 Layout arrangement 6
   4.3 Container handling system 10
   4.4 Road and yard 18
   4.5 Power supply and lighting 21
   4.6 Communication 22
   4.7 Central control room, data center and generic cabling 23
   4.8 Water supply, drainage & fire fighting 24
   4.9 Environmental protection & energy conservation 25
   4.10 Safety & port facility security 26
5 Communication management system 29
   5.1 General requirements 29
   5.2 System frame & configuration 29
   5.3 Terminal operation system 30
   5.4 Equipment control system 31
   5.5 Industrial television system 34
   5.6 Gate management system 35
   5.7 Reefer container management system 36

    5.8 Dangerous goods container management system ……… 36
    5.9 Network & information safety ………………………… 37
6 Equipment control system ……………………………………… 39
    6.1 General requirements ……………………………………… 39
    6.2 Quayside crane ……………………………………………… 39
    6.3 Yard crane …………………………………………………… 44
    6.4 Horizontal transport equipment ………………………… 47
7 Construction ……………………………………………………… 48
8 Commissioning …………………………………………………… 49
    8.1 General requirements ……………………………………… 49
    8.2 Container handling equipment …………………………… 50
    8.3 Information management & control system ………… 52
9 Maintenance ……………………………………………………… 54
    9.1 General requirements ……………………………………… 54
    9.2 Container handling equipment …………………………… 55
    9.3 Information management & control system ………… 56
Appendix A Commissioning records of container handling equipment and information management & control system ………………………………… 58
Appendix B Maintenance records of container handling equipment and information management & control system ………………………………… 60
Explanation of wording in this standard ……………………… 62
List of quoted standards ………………………………………… 63
Explanation of provisions ………………………………………… 65

1 总　则

1.0.1　为适应自动化集装箱码头应用技术的发展,统一自动化集装箱码头设计、施工、调试、维护等技术要求,制定本标准。

1.0.2　本标准适用于本市新建、改建和扩建的自动化集装箱码头建设。

1.0.3　自动化集装箱码头建设应贯彻以人为本和可持续发展的方针,做到工程建设安全可靠、技术先进、经济合理、节约能源、保护环境及维保便捷等。

1.0.4　自动化集装箱码头建设除应符合本标准外,尚应符合国家、行业和本市现行有关标准的规定。

2 术 语

2.0.1 自动化集装箱码头 automated container terminal

船舶装卸、水平运输和堆场装卸等全部或部分主要作业环节的设备,按照信息化管理与控制系统设定的作业流程,自动实现集装箱装卸和运输的码头,包括全自动化集装箱码头和半自动化集装箱码头。

2.0.2 全自动化集装箱码头 fully-automated container terminal

船舶装卸、水平运输和堆场装卸等全部主要作业环节均实现自动化的集装箱码头。

2.0.3 半自动化集装箱码头 semi-automated container terminal

堆场装卸等部分主要作业环节实现自动化的集装箱码头。

2.0.4 自动化作业区 automated operation zone

由现场设备自动完成作业的无人区域。

2.0.5 自动化集装箱堆场 automated container yard

装卸作业完全自动化或采用远程操控方式作业的集装箱堆场。

2.0.6 箱区端部交接区 transfer area of container block end

位于自动化集装箱堆场箱区端部,水平运输设备与堆场装卸设备进行作业交接、实现运输方式转换的区域,包括水侧端的自动导引运输车或跨运车交接区和陆侧端的集卡交接区。

2.0.7 远程操控 remote control

应用视频监控、图像识别、定位及网络通信等技术,通过对人-机作业环境信息的实时检测控制,实现操作人员异地操控装卸设备完成集装箱的装卸作业。

3 基本规定

3.0.1 自动化集装箱码头的设计方案应综合考虑港口性质、建设规模、建设条件、设计船型和集疏运方式等情况，按照安全可靠、运营高效、节能环保和技术先进等原则，经多方案技术经济比选论证确定。

3.0.2 自动化集装箱码头的建设规模应根据集装箱运量预测、设计船型和港口资源条件等综合分析确定。改建和扩建的自动化集装箱码头建设，应合理规划并充分利用港区既有设施资源。

3.0.3 集装箱码头的自动化程度应根据装卸作业设备的自动化配置、信息化管理与控制系统的融合交互、与港航及物流服务方的运营协同等方面的建设实施程度综合分析确定。

3.0.4 集装箱码头应根据确定的自动化程度和发展要求，进行港口资源合理配置。部分自动化集装箱码头应预留发展成为全自动化集装箱码头的条件。

3.0.5 自动化集装箱码头总体布置和装卸工艺、公用设施等设计，应满足自动化设备运转作业要求，并适当留有发展余地。危险货物集装箱堆场设计应符合现行国家标准《港口危险货物集装箱堆场安全作业规程》GB/T 36029 和现行行业标准《港口危险货物集装箱堆场设计规范》JTS 176、《危险货物集装箱港口作业安全规程》JT 397 等的有关规定。

3.0.6 自动化集装箱码头信息化管理和单机设备控制系统应根据自动化程度、装卸设备配置、运营管理要求等，进行各生产环节及相关资源要素的统筹规划和协同运作，且系统应具有安全性、可靠性、开放性、冗余性和可扩展性。

3.0.7 自动化集装箱码头应根据建设规模、场地状况、自然条件、技术方案和建设工期等情况，进行合理的施工组织设计。

3.0.8 自动化集装箱码头应根据自动化程度、装卸设备配置、装卸作业流程及运营管理等要求，编制调试大纲和维护作业指导手册。

3.0.9 自动化集装箱码头结构和位于自动化作业区内的前方作业地带、堆场箱区和轨道等，宜根据场地条件、自动化设备运转作业和营运管理等要求，设置沉降和位移监测系统，必要时应设置具有数据采集、存储、传输、处理和分析等功能的自动观测系统。

3.0.10 自动化集装箱码头的设计、施工、调试和维护等过程，宜采用建筑信息模型技术，并应符合现行行业标准《水运工程信息模型应用统一标准》JTS/T 198 的有关规定。

4 总体设计

4.1 一般规定

4.1.1 自动化集装箱码头的水域和陆域各功能区应合理布置,统筹兼顾、相互协调,有利于船舶安全靠离泊、装卸系统平稳高效运转、水平运输交通顺畅。

4.1.2 传统集装箱码头的自动化改建设计,应结合工程既有条件综合分析确定,并宜充分利用既有设备、设施和通信控制系统进行自动化升级改造。

4.1.3 自动化集装箱码头装卸工艺设计应综合考虑建设规模、场地条件、自动化程度和集疏运方式等因素,合理确定自动化装卸工艺流程和装卸设备,并应确保码头前沿、堆场箱区及进出港闸口等区域的通过能力平衡。

4.1.4 自动化集装箱码头结构设计应符合现行行业标准《码头结构设计规范》JTS 167 的有关规定。

4.1.5 自动化集装箱码头的道路与堆场、供电与照明、通信、给水排水与消防、环境保护与节能、安全与港口设施保安等设计,应与码头平面布置以及自动化设备运转作业要求等相匹配。

4.1.6 自动化集装箱码头劳动卫生设计应落实在各项专业设计中,并应符合现行国家标准《工业企业设计卫生标准》GBZ 1 等的有关规定。

4.1.7 自动化集装箱码头的水电管线、沟槽和检查井等应结合平面布置、自动化装卸与水平运输设备运行区域、水电需求位置等综合设计,并宜采用地下管廊布置。

4.1.8 自动化集装箱码头设计应遵守《国际船舶和港口设施保安

规则》(ISPS)和《国际海上人命安全公约》(SOLAS)等的有关规定,在港口范围内设置可靠的安全保卫设施和安全监督措施,确保港口安全生产。

4.2 平面布置

4.2.1 自动化集装箱码头前沿线、码头前停泊水域、回旋水域、船舶制动水域及港内航道等水域布置与尺度应符合现行行业标准《海港总体设计规范》JTS 165 和《河港总体设计规范》JTS 166 的有关规定。

4.2.2 海港自动化集装箱码头的船舶装卸作业标准应按照现行行业标准《海港总体设计规范》JTS 165 的有关规定执行。

4.2.3 新建自动化集装箱码头陆域纵深应根据建设规模、场地条件、自动化装卸工艺与设备能力、陆路集疏运方式等因素综合分析确定,宜取 500 m～800 m。码头陆域布置铁路装卸场站或其他相关物流设施时,陆域纵深可适当加大。

4.2.4 自动化集装箱码头陆域应根据码头功能要求、自动化装卸工艺和场地条件等,合理布置码头前方作业地带、集装箱堆场、生产和生活辅助区、进出港闸口、口岸查验等功能区,满足码头自动化生产和运营管理要求。

4.2.5 堆场垂直于码头前沿线布置的全自动化集装箱码头,前方作业地带应划分为自动化作业区和非自动化作业区,并应符合下列规定:

    1 非自动化作业区应布置于集装箱装卸桥轨内,包括危险货物集装箱或超限箱作业车道、行政车道及舱盖板堆放区。作业车道数量不宜少于 2 条。

    2 自动化作业区应布置于集装箱装卸桥陆侧轨与自动化集装箱堆场之间,宜根据需要由水侧向陆侧依次布置水平运输设备的装卸区、缓冲区和行驶区。装卸区和行驶区的车道数量应根据码头泊位等级、泊位数量、设计吞吐量和水平运输设备类型等经综合论证确定。

3 前方作业地带宜利用自动导引运输车或跨运车的过渡区设置通信、照明、监控和消防等设施。

4.2.6 堆场平行于码头前沿线布置的全自动化集装箱码头，前方作业地带宜布置为装卸区、舱盖板堆放区和行驶区。自动化作业车道宜布置在装卸区的陆侧，非自动化作业车道宜布置在水侧。装卸区和舱盖板堆放区应结合工艺布置综合确定，行驶区宜靠近自动化集装箱堆场布置。

4.2.7 部分自动化集装箱码头前方作业地带布置，应根据码头平面布置形式，布置装卸区、舱盖板堆放区和行驶区等。装卸区可布置于集装箱装卸桥轨内，舱盖板堆放区可布置于集装箱装卸桥陆侧轨后，行驶区宜靠近自动化集装箱堆场布置。

4.2.8 扩建的自动化集装箱码头前方作业地带布置，宜与既有的自动化集装箱码头布置相统一。由传统集装箱码头自动化改建的码头前方作业地带布置，应与既有码头泊位布置及自动化装卸工艺相协调。

4.2.9 自动化集装箱堆场布置应根据码头总体布局、装卸工艺方案和陆域条件等综合确定。自动化集装箱堆场应邻近码头前方作业地带布置，与码头前方作业地带的自动化作业区共同形成整片自动化作业区。

4.2.10 冷藏箱堆场宜在自动化集装箱堆场内相对集中布置，并应设置操作人员进出的安全通道。

4.2.11 辅助堆场包括危险货物集装箱堆场、超限箱堆场和空箱堆场等，布置应符合下列规定：

1 危险货物集装箱堆场布置应符合国家现行危险货物集装箱运输、堆存和装卸作业等的有关规定。

2 超限箱堆场宜单独布置，并可根据场地条件布置在自动化集装箱堆场周边。

3 单独布置辅助空箱堆场时,宜布置在码头后方场地。

4.2.12 扩建的自动化集装箱码头堆场布置,宜与既有的自动化集装箱码头布置相统一。传统集装箱码头自动化改建的堆场布置,宜沿用既有堆场的布置方式,并应符合本标准第4.2.9条的规定要求。

4.2.13 自动化集装箱码头进出港闸口布置应与港外集疏运道路平顺衔接,并应符合下列规定:

1 进出港闸口布置应与场地条件、工艺流程、交通组织和港外集疏运条件相适应,可采用分离或集中布置形式。

2 宜采用多级智能化闸口型式,各级闸口之间的距离应满足行车尺度及通行时间要求;出港闸口可根据监管需要设置防疫、放射性物质检测等装置。

3 闸口宜采用"一道一岛"的布置形式,车道宽度不宜小于3.5 m。进出港闸口应设置超限车道,其宽度和高度应满足相关使用要求。设有检查室的检查岛宽度不宜小于1.8 m,不设检查室的检查岛宽度不宜小于1.5 m。

4 生活辅助区宜单独设置非生产车辆进出闸口。

4.2.14 自动化集装箱码头应设置调箱门区,并宜布置在靠近进港闸口的后方场地。

4.2.15 自动化集装箱码头进港闸口附近宜设置集装箱车辆缓冲停车场,其规模可根据陆运进港的集装箱量、集卡预约系统的调度安排及车辆到港的不均衡性等情况综合考虑。

4.2.16 改建和扩建的自动化集装箱码头进出港闸口应综合分析码头整体布局、既有闸口布置及设施规模、进出港交通需求、自动化装卸工艺流程和交通组织流向等因素,对既有闸口设施进行智能化改造。必要时,应新增闸口或调整既有闸口的平面布置和规模。

4.2.17 自动化集装箱码头应结合陆域条件、装卸设备配置和维护管理要求等,设置机修区和充电或换电区,并应符合下列规定:

1 全自动化集装箱码头的机修区应配置自动化水平运输设备维修、测试等设施,并宜布置在便于水平运输设备进出自动化作业区及维修的区域。维修、测试区的规模应根据设备数量和测试要求等综合确定。

2 对电力驱动的水平运输设备应结合作业范围、交通组织和供电条件等,设置充电或换电区。

4.2.18 改建和扩建的自动化集装箱码头,应充分利用港口既有生产和生活辅助设施,并应根据码头运营管理和自动化运转作业要求进行适当补充或改造。

4.2.19 自动化集装箱码头陆域地面坡度应根据地形条件、陆域高程、堆箱高度、自动化装卸设备运行要求、排水条件等因素综合确定,并应符合下列规定:

1 码头前方作业地带的地面坡度宜取 0.3%～0.6%。

2 自动化集装箱堆场箱角区宜水平设置,填档区域的坡度应根据场地排水要求确定;箱角区非水平设置时,堆箱区地面坡度宜取 0.3%～0.5%。

3 辅助堆场地面坡度宜取 0.3%～1%。

4 全自动化集装箱码头的堆场水侧箱区端部交接区设置自动导引运输车进出支架时,沿支架长度方向 16 m 范围内地面宜水平设置,并设置排水浅沟;设置排水坡度时,坡度应控制在 0.1%以内。

5 自动导引运输车行驶道路的地面坡度及坡度变化应满足其自动导航和行驶要求。

4.2.20 自动化集装箱码头水平运输设备的交通组织应根据自动化总体布置、交通流量、进出港闸口位置等确定,生产车流与非生产车流宜分离。

4.2.21 自动化集装箱码头自动导引运输车或跨运车的通行道路尺度,应根据设备外形尺寸和安全运行等要求确定。集装箱拖挂车道路的尺度应符合现行行业标准《海港总体设计规范》JTS 165 的有关规定。

4.2.22 自动化集装箱码头港内道路布置应符合下列规定：

　　1 港内道路布置应与码头总体布置和自动化装卸工艺流程相协调，各区道路的车道数量应根据交通流量计算确定。

　　2 全自动化集装箱码头前方作业地带内自动导引运输车或跨运车行驶区的车道数量应根据码头作业能力需求综合确定。

4.2.23 自动化集装箱码头交通标志的设置应符合现行国家标准《道路交通标志和标线》GB 5768 和现行行业标准《港口道路与堆场设计规范》JTS 168 的有关规定。

4.3 装卸工艺

4.3.1 自动化集装箱码头的船舶装卸、水平运输和堆场装卸等主要作业环节应根据建设条件、装备技术及发展趋势、营运管理和投资收益等因素，选择部分环节或全流程实现自动化的装卸工艺。传统集装箱码头自动化改建或扩建的装卸工艺方案应结合工程既有条件综合确定，并宜充分利用既有设备进行自动化升级改造。

4.3.2 自动化集装箱码头装卸设备应根据系统能力、作业效率及转运方式等要求进行选型和配置，并应满足作业安全可靠、技术经济合理、运行环保节能和维护保养便捷等要求。设备配置数量应根据设计吞吐量、集疏运方式、堆场布置和效率目标等综合确定，并应确保各作业环节能力匹配。

4.3.3 自动化集装箱码头装卸船设备应采用集装箱装卸桥。集装箱装卸桥的选型和主要技术参数应符合下列规定：

　　1 集装箱装卸桥应根据水平运输作业、拆装集装箱扭锁、作业效率和工程投资等因素选用单小车或双小车型式。

　　2 采用单小车集装箱装卸桥时，应根据水平运输作业方式和自动化作业区布置采取确保安全可靠的拆装集装箱钮锁技术措施。

3　集装箱装卸桥的轨距应根据水平运输作业方式、工艺布置、设计船型和拆装集装箱扭锁方式等综合论证确定。对于改建和扩建的自动化集装箱码头，应分析既有轨距的适应性情况。

　　4　集装箱装卸桥的后伸距应根据码头前方作业地带布置确定，满足水平运输设备装卸车道或到港船舶最大尺度舱盖板的作业要求。

　　5　集装箱装卸桥的起重量、外伸距和起升高度，应根据吊具型式、集装箱总重、舱盖板重量、设计船型、设计水位、码头前沿布置尺度等情况综合确定。

4.3.4　自动化集装箱码头水平运输设备可选用自动导引运输车、跨运车、自动驾驶集装箱拖挂车或人工驾驶集装箱拖挂车等，并应符合下列规定：

　　1　采用自动导引运输车时，宜根据设备型式在堆场箱区端部交接区设置缓冲辅助设施。

　　2　采用未满足与人工驾驶车辆混编交通相关规定和要求的自动驾驶集装箱拖挂车时，应结合工程条件采用有利于港外集卡与港内自动驾驶集装箱拖挂车分离的工艺方案和布置。

　　3　水平运输设备应根据其动力形式采用合理的能源补充方式。电力驱动的水平运输设备可根据工程建设规模和营运管理要求采用更换电池或整机充电等方式。

4.3.5　自动化集装箱堆场作业设备宜选用自动化轨道式集装箱门式起重机，经技术经济论证，也可选用自动化轮胎式集装箱门式起重机或自动化跨运车，并应符合下列规定：

　　1　自动化轨道式集装箱门式起重机应根据港内水平运输设备选型、集疏运方式和陆域条件等选择无悬臂、单悬臂或双悬臂型式。

　　2　水平运输设备在箱区端部进行交接作业的自动化集装箱堆场，轨道式集装箱门式起重机的轨距应根据堆场容量和作业效率等因素综合确定。

　　3　自动化轮胎式集装箱门式起重机宜采用成系列的标准跨

距,也可根据堆场容量、大车行走同步性和作业车道安排等综合确定。采用电力供电时,应采用便于自动换场作业的供电方式。

4 自动化跨运车的主要技术参数应根据箱区堆高、箱区长度和作业效率等因素综合确定。

4.3.6 危险货物集装箱堆场和超限箱堆场的装卸设备可选用轨道式集装箱门式起重机、轮胎式集装箱门式起重机或集装箱正面吊运车等。辅助空箱堆场装卸设备可选用空箱堆高机。调箱门设备宜采用固定式门式起重机。

4.3.7 集装箱装卸桥、轨道式集装箱门式起重机和轮胎式集装箱门式起重机等大型移动式装卸设备应设置防风抗台装置。

4.3.8 自动化集装箱码头应采用有利于实现自动化作业区和非自动化作业区分离的工艺布置,并应根据作业区的作业特点、车辆属性、工程条件等,采取相应的安全管控措施。

4.3.9 自动化集装箱码头应以便于营运管理、充分利用自动化装卸设备为布置原则,冷藏箱、空箱宜与普通重箱布置在自动化集装箱堆场内。空箱也可根据到港箱量、堆存时间和营运需求,设置辅助空箱堆场。

4.3.10 自动化集装箱堆场应根据水平运输设备的运行特点采用垂直或平行于码头前沿线的布置形式。采用自动导引运输车或跨运车的自动化集装箱码头,堆场宜垂直于码头前沿线布置;采用人工驾驶集装箱拖挂车的自动化集装箱码头,堆场宜平行于码头前沿线布置;采用自动驾驶集装箱拖挂车的自动化集装箱码头,堆场布置形式宜结合自动驾驶车辆与人工驾驶车辆的分离方式综合确定。

4.3.11 垂直于码头前沿线布置的自动化集装箱堆场,箱区宜两两相对布置。相邻两台轨道式集装箱门式起重机间的轨道中心间距应结合箱区与水平运输设备的交接作业方式,根据设备门腿结构尺寸和是否设置作业车道、行驶车道和检修车道等情况综合分析确定。

4.3.12 自动导引运输车、跨运车或集装箱拖挂车与堆场设备的交接方式应根据堆场设备选型确定。当堆场采用无悬臂型式轨道式集装箱门式起重机时,宜设置箱区端部交接区;当堆场采用悬臂型式轨道式集装箱门式起重机时,与水平运输设备宜在悬臂下进行交接,也可根据需要增设箱区端部交接区进行交接。箱区端部交接区布置应符合下列规定:

1 自动导引运输车交接区应根据自动导引运输车的设备选型和轨道式集装箱门式起重机的轨距及机宽进行布置。自动导引运输车交接区的长度应满足水侧装卸设备出现故障后由陆侧装卸设备对交接区正常作业的要求。

2 跨运车交接区应根据跨运车的作业方式和轨道式集装箱门式起重机的轨距及机宽进行布置,每条装卸车道宜布置4个20英尺地面箱位。跨运车交接区的长度应满足水侧装卸设备出现故障后由陆侧装卸设备对交接区靠堆场侧2个20英尺箱位正常作业的要求。

3 集卡交接区宜采用集卡倒车进入装卸车位的作业方式,装卸车位的宽度不宜大于3 m,车位之间应设置安全岛。安全岛的长度应根据到港集卡的整车长度、交接区的操作站及监控设施等的布置确定。集卡交接区的长度应满足陆侧装卸设备出现故障后由水侧装卸设备对集卡正常作业的要求。

4 在箱区两端与水平运输设备进行交接作业的自动化集装箱堆场,箱区长度应根据堆箱容量需求和陆域条件进行确定。

4.3.13 平行于码头前沿线布置的自动化集装箱堆场装卸设备,宜选用悬臂型式轨道式集装箱门式起重机,轨内布置堆箱区,悬臂侧布置作业车道和行驶车道,并应符合下列规定:

1 相邻箱区悬臂侧两轨道中心距,应根据设备门腿结构尺寸、作业车道数、行驶车道数和照明设施布置要求等确定。

2 相邻箱区无悬臂侧两轨道中心距应根据设备门腿结构尺寸、供电设施及检修车道布置等要求确定。

3 轨道式集装箱门式起重机可跨越箱区作业时,穿越纵向道路的电缆槽宜设置橡胶盖板。

4.3.14 平行于码头前沿线布置的自动化集装箱堆场,采用无悬臂型式轨道式集装箱门式起重机或轮胎式集装箱门式起重机时,跨内车道数可根据设备轨距、堆场容量、箱区长度等综合确定。当跨内车道分作业车道和行驶车道时,行驶车道宜靠设备门腿侧布置。

4.3.15 传统集装箱码头的自动化改建设计,宜选择技术状况好的装卸设备进行自动化改造,并应符合下列规定:

  1 既有集装箱装卸桥的自动化改造应结合设计船型、水平运输作业方式、作业车道布置、拆装集装箱扭锁方式和营运管理要求等进行。需加高改造以适应更大集装箱船舶作业时,应复核码头结构承载能力。

  2 既有轨道式集装箱门式起重机的自动化改造应结合场地条件、箱区堆高、悬臂结构型式和运营管理要求等进行,并应根据悬臂结构型式、路网情况进行水平运输作业车道布置。

  3 既有轮胎式集装箱门式起重机的自动化改造应结合场地条件、箱区堆高、作业车道布置、电力接入方式和换场作业等要求进行。

4.3.16 自动化水平运输设备的维修、测试和能源补充等相关辅助设施布置,宜与自动化水平运输区无缝衔接。

4.3.17 自动化集装箱堆场可不设箱位标线。堆场箱位编码应根据码头自动化程度和运营管理需要设置,部分自动化集装箱码头应标明全部编码,全自动化集装箱码头可结合运营管理要求简化。

4.3.18 自动化集装箱码头泊位设计通过能力可按下列公式计算:

$$P_\mathrm{t} = \frac{T_\mathrm{y} A_\mathrm{p}}{\dfrac{Q}{pt_\mathrm{g}} + \dfrac{t_\mathrm{f}}{t_\mathrm{d}}} Q \quad\quad (4.3.18\text{-}1)$$

$$p = np_1 K_1 K_2 (1-K_3) K_4 \quad (4.3.18\text{-}2)$$

式中：P_t——集装箱码头泊位设计通过能力(TEU/a)；

T_y——泊位年可营运天数(d)；

A_ρ——泊位有效利用率(%)，取50%～70%，泊位数少时宜取低值，泊位数多及泊位连续布置时宜取高值；

Q——集装箱船单船装卸箱量(TEU)，按本港历年统计资料或设计船型、拟开辟的航线确定，无资料时，可采用表4.3.18-1中的数值；

p——设计船时效率(TEU/h)；

t_g——昼夜装卸作业时间(h)，海港取22 h～24 h，全自动化集装箱码头宜取高值；河港根据工作班次确定；

t_f——船舶的装卸辅助作业及船舶靠泊、离泊时间之和(h)，海港取3 h～5 h，河港内河船舶可取0.5 h～2.5 h，进江海轮可取1.5 h～4 h；

t_d——昼夜小时数，取24 h；

n——集装箱装卸桥配备数量(台)；

p_1——集装箱装卸桥台时效率基准值(自然箱/h)，可采用表4.3.18-2中的数值；

K_1——集装箱标准箱折算系数，按本港历年统计资料确定，无资料时，内贸集装箱取1.1～1.3，外贸集装箱取1.3～1.8；

K_2——集装箱装卸桥同时作业率(%)，可采用表4.3.18-2中的数值；

K_3——装卸船作业倒箱率(%)，根据设计船型确定，可采用表4.3.18-2中的数值；

K_4——可吊双箱和双小车集装箱装卸桥船时效率提高系数，取1.05～1.25。

表 4.3.18-1 集装箱船单船装卸箱量

船舶载箱量 (TEU)	200～ 900	901～ 1 900	1 901～ 3 500	3 501～ 5 650	5 651～ 9 500	9 501～ 11 000
单船装卸箱 量 Q(TEU)	200～ 1 000	300～ 1 200	600～ 1 500	800～ 2 500	2 000～ 3 000	3 000～ 4 000
船舶载箱量 (TEU)	11 001～ 15 500	15 501～ 22 001	—	—	—	—
单船装卸箱 量 Q(TEU)	4 000～ 5 500	5 500～ 7 000	—	—	—	—

表 4.3.18-2 集装箱装卸桥台时效率、同时作业率及倒箱率

船舶载箱量(TEU)	200～1 900	1 901～5 650	5 651～9 500	≥9 501
台时效率 p_1(自然箱/h)	20～25	25～30	30～35	≥35
同时作业率 K_2(%)	95～85	90～80	90～75	90～70
倒箱率 K_3(%)	0～5	0～7	0～7	0～8

注：① K_2 取值随船舶吨级增大而减小；
② 倒箱率包括舱盖板吊下和装上作业量。

4.3.19 自动化集装箱码头所需堆场容量和地面箱位数可按下列公式计算：

$$E_y = \frac{Q_h t_{dc} K_{BK}}{T_{yk}} \quad (4.3.19\text{-}1)$$

$$N_s = \frac{E_y}{N_l A_s} \quad (4.3.19\text{-}2)$$

式中：E_y——集装箱堆场容量(TEU)；

Q_h——集装箱码头年运量(TEU)；

t_{dc}——到港集装箱平均堆存期(d)，按本港统计资料确定，无资料时，可采用表 4.3.19-1 中的数值；

K_{BK}——堆场集装箱不平衡系数，按本港统计资料确定，无资料时可取 1.1～1.3；

T_{yk}——集装箱堆场年工作天数(d),取 350 d~365 d;
N_s——集装箱码头堆场所需地面箱位数(TEU);
N_1——堆场设备堆箱层数,可采用表 4.3.19-2 中的数值;
A_s——堆场容量利用率(%),可采用表 4.3.19-2 中的数值。

表 4.3.19-1 集装箱堆场平均堆存期

集装箱类型	进口箱	出口箱	中转箱	空箱	冷藏箱	危险货物集装箱
堆存期 t_{dc}(d)	5~10	3~5	3~7	6~10	2~4	1~3

表 4.3.19-2 集装箱堆场堆箱层数及容量利用率

堆场作业设备	轨道式集装箱门式起重机	轮胎式集装箱门式起重机	跨运车	正面吊运车	空箱堆高机
堆箱层数 N_1	5~8	4~6	2~3	4~5	5~8
容量利用率 A_s(%)	重箱:60~70 空箱:70~80	重箱:55~70 空箱:70~80	70~80	60~70	70~80

注:采用轨道式集装箱门式起重机或轮胎式集装箱门式起重机的自动化集装箱堆场,空箱和重箱采用分箱区堆放方式时,其堆场容量利用率可按表分别取值;空箱和重箱采用混堆方式时,堆场容量利用率可按重箱取值。

4.3.20 自动化集装箱码头闸口所需车道数可结合闸口的功能设置按下式计算:

$$N = \frac{Q_h(1-K_b)K_{BV}}{T_{yk}T_d p_d q_c} \quad (4.3.20\text{-}1)$$

式中:N——集装箱码头闸口所需车道数;
Q_h——集装箱码头年运量(TEU);
K_b——在集装箱码头闸口以内陆域范围铁路中转、拆装箱及水转水的集装箱箱量之和占码头年运量的百分比(%);

K_{BV}——集装箱车辆到港不平衡系数,按本港统计资料确定,无资料时可取 1.5～3.0;

T_{yk}——堆场年工作天数(d),取 350 d～360 d;

T_d——闸口日工作时间(h),取 12 h～24 h;

p_d——单车道小时通过车辆数(辆/h),应结合闸口的功能取值;信息采集、不停车的闸口可根据设计通行速度取值;停车、计量、打印小票等功能的闸口可取 60 辆/h～90 辆/h;

q_c——车辆平均载箱量(TEU/辆),按本港统计资料确定,无资料时可取 1.2 TEU/辆～1.6 TEU/辆。

4.3.21 集疏运功能复杂、进出流程较多或受制约因素影响较大的自动化集装箱码头装卸工艺系统,宜通过计算机仿真模拟进行验证确定。

4.4 道路与堆场

4.4.1 自动化集装箱码头的道路与堆场区铺面等级宜按不同功能区确定,并应符合下列规定:

 1 自动导引运输车或跨运车通行区按照作用荷载及频率,可分为主、次通行区,其中主通行区宜按一类铺面设计,次通行区宜按二类铺面设计。

 2 堆场箱角部位宜按一类铺面设计。

 3 堆场内填档区部位铺面在满足地基稳定、排水通畅的前提下,可采用简易铺面结构。

 4 其余道路场地铺面等级应按现行行业标准《港口道路与堆场设计规范》JTS 168 的有关规定执行。

4.4.2 自动化集装箱码头的道路与堆场地基设计应符合下列规定:

 1 自动导引运输车或跨运车通行区地基顶面回弹模量应不

小于60 MPa；其余区域地基顶面回弹模量要求，应按现行行业标准《港口道路与堆场设计规范》JTS 168 的有关规定执行。

2 工后沉降量不宜大于 0.3 m；深厚软土地基条件下经论证，工后沉降可适当放宽，但差异沉降应小于 0.2%。

3 填料最小加州承载比要求应满足表 4.4.2 的要求。

表 4.4.2 填料最小加州承载比

铺面底面以下深度(m)	填料最小加州承载比(%)
0～0.3	8
0.3～0.8	8
0.8～1.5	5
1.5～2.0	4

4 地基承载力特征值要求应按现行行业标准《港口道路与堆场设计规范》JTS 168 的有关规定执行。

5 传统集装箱码头自动化改建的道路与堆场设计，应对既有场地地基状况进行评估，必要时应进行二次地基补强处理。

4.4.3 自动化集装箱码头的道路与堆场铺面结构设计应符合下列规定：

1 常规铺面结构设计应按现行行业标准《港口道路与堆场设计规范》JTS 168 的有关规定执行。

2 自动导引运输车或跨运车的通行区宜优先采用混凝土铺面结构。采用沥青铺面结构时，应充分考虑车辙对自动化作业的影响，选用添加抗车辙剂的改性沥青。

3 对铺设定位磁钉区域的铺面及构筑物结构设计时，应考虑钢筋、护边角钢等金属物对水平运输设备定位准确性的影响。对采用铁质井盖、护边角钢的构筑物，应避开磁钉受影响范围。在无法避开磁钉受影响范围时，可采用纤维增强复合材料(Fiber Reinforced Plastics，FRP)等防磁材料替代。

4 传统集装箱码头自动化改建的道路与堆场设计，应对既有面层结构状况、排水坡度等内容进行评估。在满足设计标准的前提下，应充分利用既有结构。

　　5 传统集装箱码头自动化改建的道路与堆场铺面结构，宜与周边既有结构形式统一。

4.4.4 自动化轨道式集装箱门式起重机基础设计应符合下列规定：

　　1 自动化轨道式集装箱门式起重机基础可采用钢筋混凝土轨道梁或轨枕道砟结构。轨道基础根据使用要求、设计荷载、地基条件等情况，可选择天然地基、复合地基或桩基础。

　　2 轨道基础的工后沉降量应与箱角基础工后沉降相协调。轨道基础轴线方向的差异沉降应小于 0.1‰。地基工后沉降较大时，应采取必要措施以减小轨道基础与堆场间的差异沉降。

　　3 轨道基础尺度的设计应考虑自动化轨道式集装箱门式起重机的大车定位装置埋设需求，并应满足安装精度要求。

4.4.5 铺设在堆场面上的自动化轨道式集装箱门式起重机钢轨系统技术要求应符合下列规定：

　　1 钢轨型号的选择应根据设备运行速度、轮压荷载等技术参数综合确定。

　　2 钢轨系统宜采用无缝钢轨型式。

　　3 同批次钢轨焊接前，应进行焊接试验。试验焊头应包括静弯破断、疲劳试验、硬度试验、强度和延伸率、金相组织、超声波探伤等项目检验。每个钢轨焊头检测均需进行超声波探伤。钢轨焊接接头处平整度应满足安装精度要求。

　　4 钢轨安装前，应根据钢轨安装标准中允许顺直度偏差要求对钢轨进行校直。

　　5 钢轨锚固系统应根据轮压垂直荷载、水平荷载等进行专项设计，优先选用可快速调整的锚固系统，并应明确螺栓拧紧力矩等关键技术指标。当自动化轨道式集装箱门式起重机高速运行时,锚固系统应根据设备高速启停时对钢轨的作用力进行计算选型。

6 钢轨安装应符合现行国家标准《起重机车轮及大车和小车轨道公差 第1部分:总则》GB/T 10183.1 的有关规定。无缝钢轨焊接质量应符合现行行业标准《钢轨焊接 第1部分:通用技术条件》TB/T 1632.1 的有关规定。

4.5 供电与照明

4.5.1 自动化集装箱码头应按二级负荷供电。供电电源应符合现行国家标准《供配电系统设计规范》GB 50052 的有关规定。

4.5.2 自动化集装箱码头变电所宜接近负荷中心设置。对码头、堆场装卸设备供电的变电所布置位置应避免影响装卸设备的正常作业,并尽量少占用堆场箱位。变电所供配电系统的设计应减少电气故障对生产的影响,提高码头用电可靠性。

4.5.3 自动化作业区内的变电所应选用智能型高、低压开关设备。

4.5.4 自动化集装箱码头应设置变电所综合自动化系统。自动化作业区内的变电所还应配置工业电视系统,并应符合下列规定:

1 柜前操作通道的工业电视系统应与变电所综合自动化系统联动,当某一设备故障或需在控制室对某一设备遥控时,应自动切换至相应的现场图像。

2 柜后、柜侧维护通道应实现无盲区监视,替代人员的现场巡视。

3 变电所工业电视系统宜与码头工业电视系统合设。码头变电所数量较多时也可独立设置,并宜与码头工业电视系统联网。

4.5.5 线路敷设方式应综合考虑自动化装卸设备使用要求、电缆类型和数量、给水和排水设施布置、维护要求等因素确定。

4.5.6 对装卸设备集中供电的变电所,宜配置动态有源滤波及无功补偿装置,非线性负荷较多的变电所宜配置有源滤波装置。

4.5.7 自动化集装箱堆场箱区可不设照明,其余区域的照度应符合现行行业标准《海港总体设计规范》JTS 165 的有关规定。

4.5.8 自动化集装箱码头应设置岸电设施。码头岸电设施建设应符合现行行业标准《码头岸电设施建设技术规范》JTS 155 的有关规定。

4.5.9 传统集装箱码头自动化改建的供配电系统设计,应与既有供配电系统整体考虑,遵循安全、可靠、经济等原则,并应尽量减小对既有码头正常运营的影响。

4.6 通 信

4.6.1 自动化集装箱码头应设置有线电话通信系统、无线调度通信系统、海岸电台和船舶交通管理系统等,设计应符合现行行业标准《海港总体设计规范》JTS 165 的有关规定。

4.6.2 自动化集装箱码头通信管道设计应满足有线通信、数据网络、门禁、视频监控、设备监控、冷藏箱监控和消防联网等弱电系统传输线路敷设要求,管道宜按远期容量预留,并应设有冗余通信管道回路。通信管道设计应符合现行国家标准《通信管道与通道工程设计规范》GB 50373 和现行行业标准《港口地区有线电话通信系统工程设计规范》JTJ/T 343 等的有关规定。

4.6.3 自动化远程操控设备、数据网络、视频监控的传输网络,应分别单独设置。自动化远程操控设备的传输网络应设有冗余回路。

4.6.4 自动化集装箱码头无线网络频段的选取,应避免与码头既有无线通信设备的相互干扰。

4.6.5 传统集装箱码头堆场采用轮胎式集装箱门式起重机进行自动化改造时,控制、视频、语音及通信数据等远传信号宜采用既有上机通信光缆或新建波导管、无线基站及 5G 等通信方式,并应确保通信安全、可靠、实时响应性强。

4.7 中央控制室、数据中心与综合布线

4.7.1 自动化集装箱码头中央控制室宜设在码头办公楼或其他建筑物能俯视码头全貌的楼层内,并应便于操作人员的观察、操作。技术要求应符合下列规定:

  1 数据中心机房选址应防电磁辐射等干扰,并应避免有害气体、蒸汽、烟尘和易燃、易爆物品的影响。

  2 装卸设备远程控制室宜与码头中央控制室合设,也可单独设置,单独设置时宜与码头中央控制室布置在同一建筑物内。远程控制室的操作台宜选用电动升降式,并应配置备用操作台。中央控制室和远程控制室的设计应符合现行行业标准《集装箱码头计算机管理控制系统设计规范》JTJ/T 282 的有关规定。

  3 数据中心机房宜设在码头办公楼内中间楼层的中心区域。数据中心设计应符合现行国家标准《数据中心设计规范》GB 50174 和现行行业标准《集装箱码头计算机管理控制系统设计规范》JTJ/T 282 等的有关规定。

  4 数据中心应设置容灾机房。容灾机房应位于港内其他满足数据中心机房设置要求的建筑物内或邻近港区的数据中心机房内。

  5 中央控制室和数据中心机房的防雷和接地设计,应满足人身安全和电子信息系统正常运行的要求。中央控制室、数据中心机房内的电子信息设备应进行等电位联结,并应符合现行国家标准《建筑物电子信息系统防雷技术规范》GB 50343 的有关规定。

  6 中央控制室宜设置港区非法侵入和异常状态的提示和声光警示。

4.7.2 综合布线系统设计应满足建筑物内数据通信网络布线,以及语音、数据和图像等综合业务传输要求,并应符合现行国家标准《综合布线系统工程设计规范》GB 50311 的有关规定。

4.7.3 综合布线系统布局和管线应根据建筑物、使用功能要求以及码头发展需要等情况进行设计,并应满足系统安全和维护方便要求。

4.7.4 传输线路设计应符合下列规定:

1 传输线路设计应采用光缆传输为主、电缆传输为辅的综合传输方案。

2 自动化集装箱码头语音通信、数据通信网络、视频监控、自动控制和其他监控系统宜采用统一设计路径。同路径光缆宜合并采用大芯数光缆传输。

4.8 给水、排水与消防

4.8.1 自动化集装箱码头给水设计应符合下列规定:

1 给水应优先采用市政水源。

2 应根据生活给水、生产环保给水和消防给水的水源、水质要求,宜采用分质给水系统,各给水系统应分别计量。

3 各用水量应符合现行国家标准《建筑给水排水设计规范》GB 50015 和现行行业标准《海港总体设计规范》JTS 165 等的有关规定。

4 堆场给水与排水宜结合现行上海市工程建设规范《海绵城市建设技术标准》DG/TJ 08—2298 要求,综合考虑雨水利用。

4.8.2 自动化集装箱码头各用水点宜采用远传式水表计量。

4.8.3 自动化集装箱码头排水设计应符合下列规定:

1 雨水、污水系统应分别优先纳入市政雨水系统和市政污水系统,污水水质应满足相应的接管水质标准。

2 新建自动化集装箱码头的雨水管渠设计重现期应不小于

3年。场地采用海绵型雨水系统设计时，重现期可适当调整。

4.8.4 自动化集装箱码头前方作业地带范围内设置的阀门井、检查井等给水排水构筑物，宜避开水平运输设备行驶区。

4.8.5 自动化集装箱码头消防设计应符合现行国家标准《建筑设计防火规范》GB 50016 和《消防给水及消火栓系统技术规范》GB 50974 等要求。

4.8.6 自动化集装箱堆场室外消火栓应设置明显的夜间指示标志。

4.8.7 自动化集装箱码头及其配套建筑物的灭火器具配置，应按现行国家标准《建筑灭火器配置设计规范》GB 50140 的有关规定执行。

4.8.8 换电站的消防设计应符合现行国家标准《电动汽车电池更换站设计规范》GB/T 51077 等的有关规定。加油站、加气站的消防设计应符合现行国家标准《汽车加油加气站设计与施工规范》GB 50156 和《石油天然气工程防火设计规范》GB 50183 的有关规定。

4.8.9 危险货物集装箱堆场应根据堆存箱种的类别，确定灭火介质及相关参数，合理配置消防设施。

4.9 环境保护与节能

4.9.1 自动化集装箱码头环境保护设计应符合下列规定：

1 应执行国家、行业和地方现行有关环境保护的法律、法规，并应符合现行行业标准《水运工程环境保护设计规范》JTS 149 的有关规定。

2 应落实经环境保护主管部门批复的环境影响报告书制定的防治污染措施。

3 水平运输设备能源补充方式采用电池时，应根据电池的物理化学性质设置相应的收集和处理设施。

4 应配备必要的环境监测、检测仪器设备，并宜选用可远程监控读数的仪器设备。

4.9.2 自动化集装箱码头节能设计应符合下列规定：

1 应符合现行行业标准《水运工程节能设计规范》JTS 150 的有关规定，并落实经批复的节能评估报告提出的节能标准和节能措施。

2 自动化集装箱码头信息化管理与控制系统应具备系统资源优化调配、降低装卸生产能源消耗量的功能。

3 自动化集装箱码头中生产、辅助生产等用能设施应配置用能计量器具，对能源的利用效率进行有效监测，并应符合现行国家标准《用能单位能源计量器具配备和管理通则》GB 17167 的规定，位于自动化作业区内的用能器具宜实现远程监测及控制。

4 传统集装箱码头自动化改建时应优化装卸设备配置，并应结合自动化和非自动化作业区布置合理设置各区域的照度。

4.10 安全与港口设施保安

4.10.1 自动化集装箱码头安全应符合下列规定：

1 自动化集装箱码头设计应落实经批复的安全预评价报告提出的安全措施。

2 自动化作业区和非自动化作业区之间应设置安全隔离设施或采取可靠的安全隔离措施。

3 自动化集装箱码头应设置完善的交通引导设施和车辆装卸作业安全保障措施。堆场端部集卡交接区的操作站应设置紧停按钮和与中央控制室的语音对话系统，各装卸车位之间应设置隔离设施，作业时司机应在规定区域等候。港外集卡装卸车道在箱区侧面时，轨道式集装箱门式起重机或轮胎式集装箱门式起重机对港外集卡安全高度以下的作业应采用人工远程控制模式。

4 危险货物集装箱堆场的装卸、储运和管理等应按国家现行有关标准的规定执行。不同种类、性质或防护、灭火方法相抵触的危险货物集装箱应分区存放。

5 自动化轨道式或轮胎式集装箱门式起重机跨道路转场作业时，相应位置应设置安全、警示装置。

6 自动化集装箱码头信息化管理与控制系统应设置人员及流动设备等进入自动化作业区的安全管理功能。

7 自动化集装箱码头水平运输设备采用人工拆装集装箱扭锁时，车流组织和人机交互面应采取可靠的安全管控措施。

8 自动化集装箱码头控制系统应具有防误操作和自行诊断、自我保护以及异常故障排除后系统恢复的功能，并应配备不间断电源（UPS）。

9 自动化集装箱码头信息网络、自动化控制网络及信息安全等应按现行国家标准《信息安全技术网络安全等级保护基本要求》GB/T 22239 中第三级安全保护能力的要求执行。

10 自动化集装箱码头信息化管理与控制系统应符合现行国家标准《信息安全技术应用软件系统通用安全技术要求》GB/T 28452 等的有关规定，并满足同其他相关系统协同的需要。

11 自动化集装箱码头工业电视网络应符合《中华人民共和国网络安全法》等的有关规定，并应按现行国家标准《信息安全技术网络安全等级保护基本要求》GB/T 22239 中第二级安全保护能力的有关规定执行。

4.10.2 自动化集装箱码头的港口设施保安应符合下列规定：

1 港口设施保安应按现行国家标准《安全防范工程技术标准》GB 50348、《港口安全防范系统技术要求》GB/T 34316 和现行行业标准《海港总体设计规范》JTS 165 等的有关规定执行。

2 自动化集装箱码头应设置安保监控室，安保监控室的工业电视监控显示器应能显示港区所有摄像机的监控画面。安保监控室宜具有对自动化作业区门禁的监视功能，并应具备对其他门禁的监控功能。

3 自动化集装箱码头中央控制室、数据中心机房、安保监控室、港内中心变（配）电所、自动化作业区内变电所等重要场所应设置门禁系统和监控摄像机。工业电视系统应与门禁系统联动,发生异常时,应自动切换到对应的视频画面。

  4 进入自动化作业区的通道,包括堆场检修通道及冷藏箱操作人员专用通道等,应设置门禁系统,并与堆场装卸设备控制系统联锁。

  5 自动化集装箱码头的港区周界入侵探测系统应根据传感器种类,选择智能视频分析、红外对射、振动光缆或脉冲电子围栏方式。

5 信息化管理系统

5.1 一般规定

5.1.1 自动化集装箱码头信息化管理系统应与码头建设规模、自动化程度、装卸设备自动化配置、运营管理及技术发展等要求相适应。

5.1.2 自动化集装箱码头信息化管理系统各组成部分间应有机融合、实时交互,保证连续不间断运行。

5.1.3 自动化集装箱码头信息化管理系统的相关设施线路及信号频段、覆盖范围,应相互协调与配合。

5.2 体系架构与系统配置

5.2.1 信息化管理系统与单机设备控制系统及其他相关系统所组成的整体体系架构,应具备信息物理系统特征,符合相关系统集成标准要求,并可随着技术发展不断优化升级。

5.2.2 信息化管理系统的体系架构应具备整合、高性能以及易于管理的特征。

5.2.3 信息化管理系统应进行统一的网络规划,保证各子系统间协同性和安全要求。

5.2.4 信息化管理系统应进行统一的硬件规划和数据部署,并在此基础上进行统一的服务集成及平台展现。

5.2.5 信息化管理系统应具备统一开发与管控平台、统一安全管理平台。

5.2.6 信息化管理系统的资源配置应满足码头操作管理系统、设备管控系统以及单机设备控制系统等核心业务需要,以及系统实施进程中的各阶段、其他相关系统和运维管理需要,平衡好之间关系及衔接,并应符合下列规定:

  1 网络资源的规划应有效平衡业务、管理数据与视频数据流、音频数据流的区分与协同,有效区分生产系统与仿真系统、测试系统,有效隔离码头操作管理系统、设备管控系统、单机设备控制系统与其他管理系统,并应加强单机系统的网络管理与安全防范。

  2 数据库资源和应用服务器资源的使用,应考虑在确保主系统应用的前提下,按照应用负载需求动态供给,及按照应用上线的规划按需分配。

5.3 码头操作管理系统

5.3.1 自动化集装箱码头操作管理系统应配置与建设规模、自动化程度和装卸设备自动化控制系统等相适应,并随着生产变化可动态调整的软硬件环境。

5.3.2 自动化集装箱码头操作管理主服务系统宜采用集群模式。主服务器的配置应与自动化装卸工艺系统能力相适应,数据存储设备宜采用磁盘阵列。系统应进行容灾备份,容灾备份的等级应根据计算机系统的规模确定。

5.3.3 自动化集装箱码头操作管理系统的主干网络通信应采用传输控制协议/因特网互联协议(TCP/IP)。网络主节点宜采用多功能、可拓展、具有冗余功能的核心网络交换机。主干网络传输媒介应采用光纤。

5.3.4 支持码头操作管理系统的操作系统和数据库管理系统,宜采用通用型软件。

5.3.5 自动化集装箱码头操作管理系统中有关船舶、集装箱和货物等信息,宜采用电子数据交换(EDI)方式,进行码头与船公司、海关、外轮代理、外轮理货等相关单位间的数据交换。

5.3.6 自动化集装箱码头操作管理系统应包括系统管理、配置管理、计划管理、接口管理等功能模块。各功能模块可以不同形态、不同方式存在，共同组成生产信息管理系统所处的物理及业务环境，并应符合下列规定：

  1 系统管理模块可划分为组织架构配置、信息系统体系架构的设置、对各个管理系统的核心数据和功能权限管理、数据与报表管理、基础系统管理、系统可扩展配置管理、基础信息与代码的管理等子模块。

  2 配置管理应包括码头基础环境配置、船舶管理、堆场管理、闸口管理等子模块。

  3 计划管理应具有船舶、配载、堆场、集装箱、资源等的计划与调整功能，并应包括资料管理、船期计划、泊位计划、作业资源计划、堆场计划、配载计划、装卸船计划及监控、驳船计划、堆场转堆计划、空箱计划等子模块。

  4 接口管理应包括码头操作管理系统与设备管控系统、码头操作管理系统各功能模块与算法以及不同设备、资源内部之间的接口元素、交互频率、消息交互机制以及错误提醒机制等的管理。

5.3.7 自动化集装箱码头操作管理系统应考虑自动化与非自动化装卸作业的有效衔接，保证码头整体作业的连贯性。

5.3.8 自动化集装箱码头操作管理系统中宜采用相关智能化算法。

5.3.9 自动化集装箱码头操作管理系统应配备完善、可靠的备份设备，具有自动实现对数据和文件的实时备份和快速恢复的功能。

5.4 设备管控系统

5.4.1 自动化集装箱码头设备管控系统主要包括集装箱装卸桥、堆场场桥和水平运输设备等管控子系统，各子系统技术要求应符合下列规定：

1 系统与码头操作管理系统联接，实现接收作业任务、控制作业指令执行及反馈任务执行状态的功能。

　　2 系统与码头操作管理系统之间、系统与单机设备控制系统之间应采用安全、可靠、高效的通信方式，两个系统之间应建立稳定、安全的消息机制，并应具有指令校验/优化、安全检测/控制机制。

　　3 系统应支持单20英尺、双20英尺、四20英尺（对双吊具集装箱装卸桥）、单40英尺、双40英尺（对双吊具集装箱装卸桥）以及单45英尺等类型集装箱作业。

5.4.2 自动化集装箱码头设备管控系统的各子系统应包括配置管理模块、实时数据采集模块、异常处理模块、冗余保护模块、数据记录模块、日志打印模块等，各模块功能应符合下列规定：

　　1 管理模块应具备设备类型配置、设备作业区域配置、设备作业模式以及实时数据驱动配置、调度规则配置和安全规则配置等功能。

　　2 实时数据采集模块应获取装卸设备的实时运行及状态信息。

　　3 异常处理模块应具备完整的异常处理功能并构建有效的异常处理机制。出现异常情况无法继续执行任务时，应配合码头操作管理系统按异常处理流程执行任务变更。

　　4 冗余保护模块应实现管理系统支持自动冗余切换功能，当主系统出现问题后备用系统自动接管整个控制流程，并无缝衔接当前正在进行执行的作业任务。

　　5 数据记录模块应记录所有的系统交互信息、作业流程信息以及内部状态的变化信息。根据系统和客户需求，定制用于系统作业效率的绩效评估系统。

　　6 日志打印模块应记录应有时间、对象和描述，对日志标注等级、类别，记录系统运行时软件系统逻辑异常。日志应有效、全面，并具有可读性。

5.4.3 集装箱装卸桥管控子系统配置应符合下列规定：

1 应兼容各种类型的集装箱装卸桥。对单小车，应具有单小车手动/半自动/自动作业模式。对双小车，应具有双小车协同自动作业模式；主小车手动作业，副小车手动作业模式；主小车手动作业，副小车自动作业模式。

2 集装箱装卸桥无法正常进行自动化作业时，应可进行人工远程操作。

5.4.4 集装箱装卸桥管控子系统的功能模块应符合下列规定：

1 任务管理模块应获取、校验以及解析码头操作管理系统的调度任务，反馈码头操作管理系统的调度任务执行结果、调度任务执行关键节点信息及设备关键信息。

2 任务分解模块应对指令进行分解，反馈执行结论及执行关键节点，并支持小车装卸船的任务协同。

3 安全控制模块应具备防止中转平台控制权死锁、中转平台人员安全防护、双小车防碰撞检测和大车运行保护等功能。

5.4.5 堆场场桥管控子系统配置应符合下列规定：

1 应根据作业指令要求调度和管理堆场内相关设备。

2 堆场场桥无法正常进行自动化作业时，应可进行人工远程操作。

5.4.6 堆场场桥管控子系统的功能模块应符合下列规定：

1 任务管理模块应具备任务的解析和分配、任务的调度控制和任务执行结果的反馈功能，并保证任务的状态、执行逻辑的正确性。

2 安全控制模块应防止堆场内各设备碰撞，保障作业区域人员安全以及堆场内集装箱堆放安全。

3 设备管理模块应实时监控设备的当前状态，正确有效地将解析后的指令下发至相关设备。同时根据设备的反馈情况了解指令执行状态，处理设备反馈上来的各种信息。

5.4.7 水平运输设备管控子系统配置应符合下列规定：

1 应合理布置无线基站,确保水平运输设备与中控设备的无线通信稳定、安全、可靠。
　　2 应满足自动化装卸作业需求,支持多台设备同时在堆场内自动化运行。
　　3 应支持单20英尺、双20英尺、单40英尺以及单45英尺等类型集装箱的作业工况。

5.4.8 水平运输设备车队中的全部车辆应安全、可靠地管理,执行不同类型作业任务,并应具备以下功能:
　　1 车队管理模块应管理车辆等待、到达、作业状态和位置,车辆的能量及能量供应站,管理运行区域并统计车辆性能数据。
　　2 任务管理模块应可以进行任务解析、车辆分配、任务调度控制,与其他系统交互并对任务执行结果进行反馈。

5.4.9 水平运输设备的交通控制和路径规划应包括以下内容:
　　1 车辆运行路径规划,支持动态调整路径。
　　2 车辆的防撞管理。
　　3 预先估算车辆执行任务所需要的时间。
　　4 任务优先级管理。
　　5 安全控制等。

5.4.10 水平运输设备的通信系统应符合下列规定:
　　1 无线通信应采用双网冗余模式。
　　2 无线通信应实时显示车辆当前的通信状态、无线信号强弱等信息。
　　3 无线通信应保证传输的数据的正确性、实时性、可靠性等。

5.5　工业电视系统

5.5.1 自动化集装箱码头工业电视系统应满足生产作业、安防和口岸管理等综合要求。自动化集装箱码头应采用数字视频监控系统,设计应符合现行国家标准《工业电视系统工程设计标准》GB/T 50115和《视频安防监控系统工程设计规范》GB 50395的有关规定。

5.5.2 工业电视系统的监控范围和对象应包括下列内容:
  1 码头区域装卸作业、交通状况。
  2 堆场作业、道路、交通状况。
  3 进出港闸口各车道作业以及周边交通状况、围网及重要场所等。
  4 自动化作业区内的变电站内部、箱式变电站内部、充换电站内部、冷藏箱区、箱区端部交接区等区域,以及自动化装卸设备上配备相应的摄像点等。

5.5.3 工业电视系统应选用适合集装箱堆场场景的低照度摄像机。摄像机加装室外防护罩并配置自动调焦和遥控电动云台。堆场摄像机宜安装于独立塔架、灯塔或灯杆上,安装高度不应低于堆箱高度,并应配有防雷装置。安装在灯杆上的摄像机宜选用防抖动型。

5.5.4 工业电视系统室外视频信号应采用光缆传输。视频监控系统应采用不间断电源(UPS)集中供电。

5.5.5 工业电视服务器应具备录像存储功能,存储时间宜不少于3个月。工业电视平台软件应实现摄像头的集中管理、云台控制、数字放大、图像抓拍、录像及回放、录像检索和导出,以及与第三方系统互联互通等功能。

5.5.6 工业电视设备接地应符合现行国家标准《建筑物电子信息系统防雷技术规范》GB 50343的有关规定。

5.6 闸口管理系统

5.6.1 自动化集装箱码头闸口管理系统应满足生产作业和其他

信息交互要求,进出港闸口可具备信息采集、处理及核对、放行等功能。

5.6.2 自动化集装箱码头进出港闸口的集装箱箱号、箱型、箱门自动识别应采用光学字符识别(OCR)等方式。箱体残损自动识别可采用光学识别方式。

5.6.3 自动化集装箱码头进出港闸口的车辆牌号自动识别应采用光学字符识别(OCR)等方式,电子车牌自动识别宜采用无线射频识别(RFID)方式。

5.6.4 闸口管理系统应实现对码头操作管理系统和其他运营管理系统的连接,并实现数据交互。

5.7 冷藏箱管理系统

5.7.1 自动化集装箱码头冷藏箱管理系统服务端程序应实现对所有终端的处理和控制,支持终端上传数据的处理和数据库的存储,支持对终端进行相关参数的远程设置和升级,维护终端的相关状态。

5.7.2 自动化集装箱码头冷藏箱管理系统应实现对冷藏箱的设定温度、供风温度、回风温度、电压、电流、箱号、运行状态、警报数量、冷藏箱品牌等相关数据的直观显示,对历史数据进行查询、浏览,对于设定温度、供风温度、回风温度等关键数据以直观曲线图展示。

5.7.3 自动化集装箱码头冷藏箱管理系统应通过数据接口与码头操作管理系统进行消息交互。

5.8 危险货物集装箱管理系统

5.8.1 自动化集装箱码头危险货物集装箱堆场应设置工业电视、火灾报警等系统。有降温要求的危险货物集装箱堆场,应设置自动喷淋降温控制系统。

5.8.2 自动化集装箱码头危险货物集装箱堆场宜设置全天候智能监控预警装置,对危险货物集装箱堆场的周界、储存区域的异常高温、起火情况等进行实时监控。

5.8.3 危险货物集装箱管理系统应通过数据接口与码头操作管理系统进行消息交互。

5.9 网络与信息安全

5.9.1 自动化集装箱码头网络布置应符合下列规定:

1 自动化集装箱码头综合办公楼等主要建筑物,宜配置信息化应用、智能化集成、信息设施、建筑设备管理、公共安全等系统,设计应符合现行国家标准《智能建筑设计标准》GB 50314 和《民用建筑电气设计标准》GB 51348 等的有关规定。综合布线系统选用的光缆、电缆、连接件和配线设备等硬件设施不应低于 6 类线标准。

2 网络应满足港口业务的整体需求,网络设计应覆盖码头的办公网、生产控制网以及工业电视视频网等。

3 针对各种网络访问需求,应构建安全的网络架构,设置统一的安全策略,确保网络承载的业务运行安全。

4 网络应根据业务需求合理规划,减少网络架构中存在的全局故障点分布数量,降低系统整体运维风险。通过多层次的冗余连接,以及设备自身的冗余支持,确保整个架构在任意部分均可满足业务系统不间断的连接需求,加强网络可用性。

5 网络应遵循模块化和层次化的设计思路,使网络架构在功能、容量、覆盖能力、性能等各方面具有易扩展能力,适应快速的业务发展对基础架构的要求。

6 网络规划应制定高兼容性网络架构,确保设备、技术的互通和互操作性,方便快速灵活部署新的产品和技术,以适应用户方快速、灵活的业务发展对基础架构的要求。

7 网络规划应满足网络运维管理工作中的各种需求。设计层次化、模块化的网络架构,建立独立的运维管理网络,满足各类运维管理要求,利用网络进行管理、故障隔离和日常运维。

5.9.2 自动化集装箱码头网络信息安全应符合本标准第 4.10.1 条中第 9～11 款的规定。

6 单机设备控制系统

6.1 一般规定

6.1.1 自动化集装箱码头单机设备控制系统应根据码头操作管理系统和设备管控系统指令,自动规划设备的运行路线,控制设备完成作业,同时将相关作业任务的状态及结果反馈给码头操作管理系统和设备管控系统。

6.1.2 单机设备控制系统功能配置应与码头自动化程度相适应。

6.1.3 单机设备控制系统与设备管控管理系统间应采用可靠、高效的通信方式。

6.1.4 传统集装箱码头的既有装卸设备进行自动化改造时,应首先对既有装卸设备的供电、控制、通信等系统进行评估,并结合营运管理和自动化设备运转作业要求等进行针对性改造。

6.2 集装箱装卸桥

6.2.1 集装箱装卸桥远程自动化控制系统应由自动运行与定位、吊具姿态、智能识别、安全保护和远程操作等子系统构成,如图 6.2.1 所示。

6.2.2 集装箱装卸桥远程自动化控制系统配置应符合表 6.2.2 的规定。

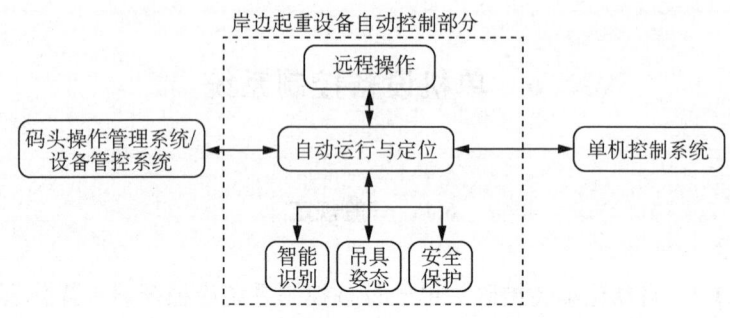

图 6.2.1 集装箱装卸桥远程自动化控制系统构成图

表 6.2.2 集装箱装卸桥远程自动化控制系统构成及配置

序号	子系统名称	功能模块名称	配置要求
1	自动运行与定位	起升定位	●
		小车定位	●
		大车定位	●
		副小车吊具定位	◎
		副小车目标定位	◎
2	吊具姿态	自动防摇	●
		自动防扭	●
3	安全保护	进出安全管理	●
		主/副小车防撞	◎
4	智能识别	水平运输设备定位	○
		集装箱箱号识别	○
		船型轮廓扫描	●
5	远程操作	—	●

注：●为应配备的功能模块；○为根据流程设计需求宜配备的功能模块；◎为双小车集装箱装卸桥应配备的功能模块

6.2.3 自动运行与定位子系统应具有自动任务解析、设备状态反馈和控制集装箱装卸桥起升、小车、大车自动运行到目标位的功能,并应符合下列规定：

  1 小车自动定位功能模块应设置 2 套独立并具有相互校验功能的位置检测与反馈装置,定位允许偏差±30 mm。

  2 采用双小车集装箱装卸桥时,副小车自动定位功能模块应采用 2 套独立并具有相互校验功能的位置检测与反馈装置,定位允许偏差±30 mm。

  3 起升、大车定位功能模块均应设置 2 套独立并具有相互校验功能的位置检测与反馈装置,定位允许偏差±50 mm。

  4 采用双小车集装箱装卸桥时,副小车的吊具定位功能模块的定位允许偏差±30 mm；目标定位功能模块在大车方向的定位允许偏差±30 mm,小车方向允许偏差±30 mm。

6.2.4 吊具姿态子系统应符合下列规定：

  1 自动防摇功能模块应确保吊具沿小车运行方向在 2 个摆动周期内的摆动幅度允许偏差±50 mm。

  2 自动防扭功能模块应确保吊具在 2 个扭动周期内的扭转角度允许偏差±5°。

6.2.5 安全保护子系统应符合下列规定：

  1 在登机口设置进出安全管理模块,具有身份识别功能,登机口管理与远程操作台联锁。

  2 对双小车集装箱装卸桥,主、副小车应具有安全联锁保护功能。

  3 对双小车集装箱装卸桥,主、副小车对中转平台宜具有安全竞争机制。

  4 对双小车集装箱装卸桥,主、副小车对水平运输设备应具有安全联锁保护功能。

6.2.6 智能识别子系统中的水平运输设备定位功能模块应符合下列规定：

  1 自动导引运输车定位功能模块应满足下列要求：

1）对自动导引运输车及所载集装箱进行位置校验和定位，并实时对作业的相关信息进行校验，包括自动检测作业车道上的自动导引运输车驶入信号，自动检测自动导引运输车上双 20 英尺箱水平方向的间隙，以及具有自动导引运输车上箱况信息检测判定、自动导引运输车带箱高度信息判定、检测自动导引运输车或集装箱双箱驶入等功能；

2）具有集装箱装卸桥大车移动自动引导功能，对自动导引运输车在集装箱装卸桥大车方向的引导精度允许偏差 ±50 mm；

3）具有自动导引运输车在集装箱装卸桥大车方向定位功能，具有自动导引运输车在集装箱装卸桥小车方向定位及倾转角度检测功能；

4）定位模块与本机控制系统具备交互信号，交互信息包括并不限于吊具尺寸、吊具起升高度、小车位置、吊具倾转角度、远程操作界面等。

2 跨运车定位功能模块应满足下列要求：

1）具有跨运车驶入车道号、驶入方向检测功能；

2）具有跨运车驶入工作区域信号检测功能反馈给控制系统进行防撞保护功能；

3）满足引导单 20 英尺、双 20 英尺、单 40 英尺、单 45 英尺等类型集装箱作业工况；

4）定位模块与本机控制系统应具备交互信号，交互信息包括并不限于吊具尺寸、吊具起升高度、小车位置、远程操作界面等；

5）显示设备应显示方向、距离、到位、离开等提示信息，显示设备安装位置需能让跨运车司机清晰可见，可视距离不应小于 20 m；

6）配备跨运车车道使用状态指示灯，提示当前工作车道空闲状态或工作状态等。

3 集装箱拖挂车定位功能模块应满足下列要求：
   1）对集装箱拖挂车及所载集装箱进行引导、定位并实时显示相关作业信息，包括自动检测作业车道上的集装箱拖挂车驶入信号，自动检测集装箱拖挂车上双20英尺箱水平方向的间隙，具有集装箱拖挂车装、卸作业工况自动判定功能，具有各种箱型卸车/装车的功能等；
   2）具有集装箱装卸桥大车移动自动引导功能，对集装箱拖挂车大车方向的引导精度允许偏差±50 mm；
   3）具有集装箱拖挂车引导过程中禁止吊具下降的保护功能；具有集装箱拖挂车未引导到位前禁止集装箱装卸桥吊箱进入作业车道上方的保护功能；
   4）集装箱拖挂车定位模块与本机控制系统应具备信号交互，交互的信息需包括并不限于吊具尺寸、箱型、作业箱信息、驶入方向、远程操作界面等；
   5）在人工驾驶集装箱拖挂车的应用场景下，显示设备应具有显示方向、距离、到位、自动离开等提示信息。显示设备的安装位置应便于集装箱拖挂车司机读取，且可视距离应不小于20 m；
   6）在自动驾驶集装箱拖挂车的应用场景下，应具有显示方向、距离、到位、自动离开等信息反馈至集装箱拖挂车的功能。

4 集装箱箱号识别功能模块应满足下列要求：
   1）识别集装箱的箱号、ISO号、箱门朝向、箱门状态、集装箱残损，以及集装箱拖挂车的车号等；
   2）识别过程不影响集装箱装卸桥操作；
   3）具备识别结果输出功能，远程查看识别结果及拍摄照片；
   4）具备异常事件报警输出功能等。

5 船型轮廓扫描功能模块应满足下列要求：
  1）在集装箱装卸桥作业时，扫描获取运行路径下的障碍物轮廓信息，检测精度允许偏差±300 mm；
  2）具备小车方向、起升方向及大车相邻障碍物等防撞保护功能；
  3）具备船上障碍物轮廓及相应保护功能显示；
  4）定位模块与单机控制系统具备信号交互，交互的信息包括并不限于：起升高度、开闭锁信号、小车运行方向、起升运行方向、起升小车位置、大车行走信号等。

6.2.7 远程操作功能模块应符合下列规定：
  1 具备任一个远程操作台与指定集装箱装卸桥之间一对一绑定功能。
  2 具备通过视频监控系统对集装箱装卸桥进行远程操作功能，视频画面延时应低于 250 ms。

6.3 堆场场桥

6.3.1 堆场场桥远程自动控制系统应由自动运行与定位、智能识别、安全保护、远程操作等子系统构成，如图 6.3.1 所示。

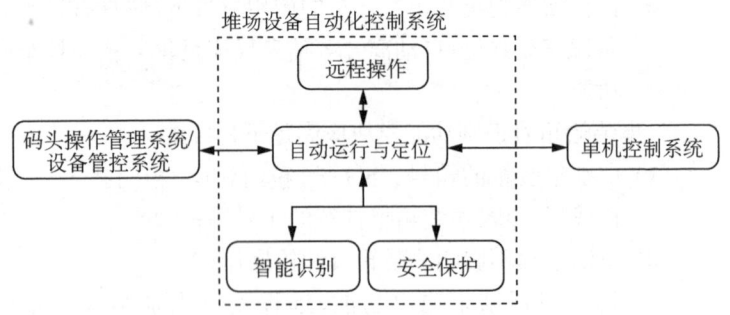

图 6.3.1 堆场场桥远程自动化控制系统构成图

6.3.2 堆场场桥远程自动控制系统构成及配置应符合表 6.3.2 的规定。

表 6.3.2 堆场场桥远程自动化控制系统构成及配置

序号	子系统名称	功能模块名称	配置要求
1	自动运行与定位	起升定位	●
		小车定位	●
		大车定位	●
		大车自动纠偏	○
		自动叠箱系统	●
		集装箱拖挂车定位	○
2	安全保护	吊具负载防撞保护	●
		集装箱拖挂车防吊起	●
		大车防撞	●
3	智能识别	集装箱拖挂车识别	○
		集装箱箱号识别	○
4	远程操作		●

注：●为应配备的功能模块；○为宜配备的功能模块，可根据项目需求配置；◐为自动化轮胎式集装箱门式起重机应配备的功能模块

6.3.3 自动运行与定位子系统应具有任务解析，设备状态反馈和控制场桥起升，小车、大车自动运行到目标位及堆场内自动叠箱的功能，并应符合下列规定：

1 小车自动定位功能模块应设置两套独立并具有相互校验功能的位置检测与反馈装置，定位允许偏差±30 mm。

2 起升定位功能模块应设置两套独立并具有相互校验功能的位置检测与反馈装置，定位允许偏差±50 mm。

3 大车定位功能模块应在两侧大车分别设置独立的位置检测与反馈装置，定位误差允许偏差±30 mm。

4 对自动化轮胎式集装箱门式起重机应配备大车自动纠偏功能模块，以大车运行中心位置为参考，在小车运行方向纠偏精

度允许偏差±50 mm。

  5 堆场内自动叠箱功能模块应满足集装箱自动叠箱精度要求为：

    1）第一层集装箱角铸件在地面或集装箱支承底座上相对于箱位中心线的最大位移偏差：在小车方向允许偏差±50 mm，在大车方向允许偏差±50 mm；

    2）在使用下层集装箱作为参考标志时，小车方向叠放的位移允许偏差±35 mm，大车方向叠放位移允许偏差±35 mm；

    3）整列集装箱（以六层箱为标准）允许偏差±80 mm。

  6 集装箱拖挂车定位功能模块应能识别集装箱拖挂车车头方向、集装箱箱型，能够实时检测集装箱拖挂车的行使位置并通过指示设备对集装箱拖挂车进行精确引导。集装箱拖挂车在场桥大车方向的引导精度允许偏差±50 mm。

6.3.4 安全保护子系统应符合下列规定：

  1 吊具负载防撞保护功能模块应具有实时扫描场桥小车方向的集装箱或障碍物高度和轮廓信息的功能，保证吊具或吊具所携带的集装箱不会撞到当前作业列的前排和后排的集装箱。

  2 集装箱拖挂车防吊起功能模块应能够实时判断作业集装箱拖挂车与地面的距离，在集装箱拖挂车被吊离地面 400 mm 之前停止上升并输出报警。

  3 大车防撞功能模块应能够实时检测大车行走方向的障碍物。

6.3.5 集装箱拖挂车识别功能模块应能够在各种集装箱箱型作业的情况下准确地识别集装箱拖挂车的车号、类型等信息，并具有识别结果输出及自检的功能。

6.3.6 远程操作子系统应符合下列规定：

  1 具备远程操作台与堆场场桥间多对多绑定功能。

  2 具备通过视频监控系统对堆场场桥进行远程操作功能，视频画面延时应低于 250 ms。

6.4 水平运输设备

6.4.1 自动导引运输车控制系统应符合下列规定：

    1 具备本地控制模式和远程控制模式，并宜配有本地操作站和无线遥控装置。

    2 具备安全保护功能模块，包括并不仅限于自动运行时上位系统避障功能、单机障碍物接近检测与保护、紧急停车按钮等。

    3 配备定位系统的定位允许偏差±15 mm。

    4 停车时，车辆中心在系统中的理论位置与实际位置允许偏差±30 mm，车身在系统中的理论角度位置与实际角度位置允许偏差±0.4°。

6.4.2 跨运车控制系统应符合下列规定：

    1 具备本地控制模式和远程控制模式，并宜配置本地操作站和无线遥控装置。

    2 具备安全保护功能，主要包括自动运行时的上位系统避障功能、单机障碍物接近检测与保护、紧急停车按钮等。

    3 配备定位系统的定位允许偏差±15 mm。

7 施 工

7.0.1 自动化集装箱码头施工采用的钢筋、预应力筋、混凝土等质量应符合现行行业标准《水运工程混凝土施工规范》JTS 202 和国家其他有关标准的规定。工程使用的纤维增强复合材料（FRP）应符合现行行业标准《土木工程用玻璃纤维增强筋》JG/T 406 的有关规定。

7.0.2 自动化集装箱码头结构、地基处理、道路堆场、房建附属设施和水电安装等工程施工，应符合国家现行有关标准的规定。

7.0.3 自动化集装箱码头施工时，应采取措施保证预埋件安装精度、作业区面层坡度等满足设计要求。

7.0.4 采用纤维增强复合材料（FRP）的道路堆场面层施工时，应设置纤维增强复合材料（FRP）支架或采取防止纤维增强复合材料（FRP）上浮措施。

7.0.5 自动化集装箱码头施工质量应符合现行行业标准《水运工程质量检验标准》JTS 257 和国家其他有关标准的规定。采用轨枕道砟结构形式的检验单元，施工质量应符合现行行业标准《铁路轨道工程施工质量验收标准》TB 10413 的有关规定。

7.0.6 钢轨安装和无缝钢轨焊接质量应满足本标准第 4.4.5 条的要求。

7.0.7 用于安装或固定磁钉等自动化设备定位系统的支架、支座安装允许偏差应满足自动化设备运转作业要求。

7.0.8 设备采用磁钉进行自动导航定位时，运行区域的钢筋、预埋件等金属构件及用于固定钢筋、预埋件的扎丝、支架等金属材质的辅助材料，应避开磁钉影响范围，避免干扰自动导航定位系统。

8 调 试

8.1 一般规定

8.1.1 自动化集装箱码头试运转前应制定调试大纲,指导自动化装卸作业系统的调试工作。调试大纲的内容应包括单机设备调试、单机自动化控制系统调试、系统联调和仿真测试等。

8.1.2 自动化集装箱码头调试应符合下列规定:

  1 单机设备调试应包括机械、液压与电气、控制、通信等相关设备设施的参数设置,以及设备性能测试等。

  2 单机自动化控制系统调试应包括单机设备标定、参数设置,与单机控制系统的接口调试,单机运行性能及定位精度测试,自动化系统设计性能要求测试等。

  3 系统联调测试应包括各个控制系统之间的接口调试,并根据码头作业特点、场地与设备布置情况,模拟码头作业流程进行各个环节的测试,确保系统正常运行。

8.1.3 自动化集装箱码头调试前应编制试车大纲,确定测试内容及验收标准等。

8.1.4 自动化集装箱码头调试应循序渐进,确保每道工序安全、可控。

8.1.5 自动化集装箱码头系统联调前应确认系统连锁保护装置、消防系统、监控系统、报警系统和通信系统等工作正常,以及联调所需的船、机、场地等准备到位。

8.1.6 自动化集装箱码头调试除应符合本标准要求外,尚应符合现行国家标准《起重机设计规范》GB/T 3811、《起重设备安装工程施工及验收规范》GB 50278、《岸边集装箱起重机》GB/T 15361 和现行行业标准《港口设备安装工程技术规范》JTS 217、《水运工程质量检验标准》JTS 257 等的有关规定。

8.2 单机设备

8.2.1 单机设备调试前的准备工作应符合下列规定：

  1 安装工程应完成，调试场所应整洁。

  2 设备安装应正确，各设备元器件应无损伤、变形、潮湿生锈和脏污异物等；PLC 系统各机架、模块应符合设计要求并安装固定到位；标识牌应齐全，电气接线工程应全部结束，查线过程应全部结束，各电机的绝缘应检查完毕，相关数据均已记录，应完成高压设备检测。

  3 接地工程应全部结束，接地电阻应符合设计要求。照明系统应正常工作，通信系统应保持畅通。

  4 系统网络通信电缆应按照设计要求正确敷设和连接，终端电阻应按设计和产品技术文件要求进行正确配置，保护屏蔽线和信号线的连接应正确。

  5 检查编码器、磁尺等设备，并进行初始化设置。

  6 紧停系统至少应包括紧停按钮回路、极限停止限位回路、电机超速检测回路等，并通过测试。

  7 起重机大车轨道变位允许范围应满足自动化设备运转作业要求。

8.2.2 单机设备调试应符合下列规定：

  1 集装箱装卸桥调试应包括起升机构、小车机构、俯仰机构、大车机构及各个辅助机构等。

  2 堆场场桥调试应包括起升机构、小车机构、大车机构及各个辅助机构等。

  3 水平运输设备调试，对于自动引导运输车，应包括行走机构及各个辅助机构等；对于跨运车，还应包括起升机构。

8.2.3 单机自动化控制系统的运行性能应包括起重机各个机构在各规定负载情况下的运行行程、运行速度和安全保护等,运行精度应包括速度精度和位置精度等。运行性能及运行精度应达到试车大纲所规定的验收标准,测试结果应符合合同技术文件规定。

8.2.4 单机自动化控制系统的自动化功能调试应符合合同技术文件规定,运行性能及运行精度达到试车大纲所规定的验收标准。自动化功能应符合下列规定:

　　1 调试并测试自动运行与定位、智能识别等子系统,包括通信接口、位置标定、子系统功能的调试及测试。

　　2 调试并测试安全保护子系统应包括各机构安全联锁、各机构运行过程中防撞、通信系统安全性及可靠性。安全保护性能的测试应覆盖安全风险评估报告的全部内容。

　　3 调试并测试单机工作流程应包括单机常规工作流程、单机异常工作流程、定位精度及规定流程下系统效率的调试及测试。

8.2.5 远程操作子系统调试前应按下列规定进行检查:

　　1 工业电视系统设备应无损伤和脏污异物等。

　　2 远程操作台应放置在工作环境舒适、营运管理便捷的场所。

　　3 服务器、网络设备等布置及参数设置应符合设计要求。

　　4 中控设备的连接应符合设计要求等。

8.2.6 远程操作调试应符合合同技术文件的规定,运行性能及运行精度达到试车大纲所规定的验收标准。远程操作调试应包括:

　　1 对整个作业区域的定位标定和测试。

　　2 调试并测试工业电视系统应包括显示画面清晰度、画面显示内容、显示延时、显示画面切换时间等。

　　3 调试并测试远程通信系统应包括在通信设施布置完成后对整个作业现场完整的通信覆盖强度、抗干扰等性能测试,通信系统上传带宽宜不小于 200 Mbps（含视频信号），控制信号通信延迟时间应不大于 48 ms，视频画面延迟时间应不大于 250 ms。

4 调试并测试工作流程应包括远程操作功能、远程操作正常流程、远程操作异常流程、远程故障诊断、远程操作人机交互界面等。

8.2.7 自动化系统联调前，宜对单机设备进行可靠性和循环运行时间等测试，测试应包括在不同负载情况下模拟作业流程、在不同工况下对设备的安全性和稳定性等要求。

8.3 信息化管理与控制系统

8.3.1 自动化集装箱码头信息化管理与控制系统在正式投入使用前应通过仿真测试，测试内容应包括基本流程、单系统功能、多系统集成及可靠性测试等。

8.3.2 自动化集装箱码头信息化管理与控制系统的测试应符合下列规定：

  1 基本流程测试主要针对码头基本业务逻辑进行验证。
  2 单系统功能测试主要针对各子系统功能进行逐项验证。
  3 多系统集成测试环境中采用模拟器代替设备。
  4 可靠性测试验证系统应保证 24 h 不间断作业稳定运行。

8.3.3 自动化集装箱码头系统联调应分阶段进行，并应符合下列规定：

  1 第一阶段，应进行单系统与设备联调，包括集装箱装卸桥管控子系统与集装箱装卸桥联调、堆场场桥管控子系统与堆场场桥联调、水平运输设备管控子系统与水平运输设备联调，完成并通过所有测试。调试和测试应包括系统对单机的指令发送和反馈信号的接收、指令在单机的执行情况，以及根据运行情况对系统和单机存在问题进行修正等。

  2 第二阶段，宜选取集装箱装卸桥、堆场场桥、水平运输设备各 1 台作为 1 条作业线联调,完成并通过所有测试。调试和测试应包括检验系统对集装箱装卸桥、堆场场桥、水平运输设备单机发送指令顺序及执行情况,以及根据运行情况对系统和单机存在问题进行修正等。

3 第三阶段,宜选取 3 条作业线联调,完成并通过所有测试。调试和测试应包括进一步检验系统对多台集装箱装卸桥、堆场场桥、水平运输设备单机发送指令时,各设备的运行顺序及执行情况,以及根据运行情况对系统和单机存在问题进行修正等。

4 第四阶段,宜接入码头操作管理系统进行多作业线全场联调,完成并通过所有测试。测试应包括全面检验整个码头设备运行,系统对多台集装箱装卸桥、堆场场桥、水平运输设备单机发送指令时,各设备的运行顺序及执行情况,以及根据运行情况对系统和单机存在问题进行修正等。

8.3.4 自动化集装箱码头在正式运营前,宜根据码头自动化程度、装卸作业系统特点和合同技术文件等要求,设定试运行时间及试运行通过标准。

9 维 护

9.1 一般规定

9.1.1 自动化集装箱码头维护应包括港口设施、装卸设备以及信息化管理与控制系统维护等内容,并应符合下列规定:

  1 港口设施维护应符合现行行业标准《港口设施维护技术规范》JTS 310 的有关规定。

  2 装卸设备以及信息化管理与控制系统的维护应根据建设条件、自动化设备运转作业特点和营运管理要求等情况,编制维护作业指导手册。手册内容应包括单机设备、信息化管理与控制系统等需要维护的项目、内容、方法和要求,以及维护施工作业安全措施等。

9.1.2 自动化集装箱码头应建立维护管理工作制度,并应提高维护管理工作的信息化水平,实现维护管理工作的数字化、可视化和科学化。

9.1.3 自动化集装箱码头维护应包括故障排查、维修、保养和巡检等工作,并应建立维护技术档案。

9.1.4 自动化集装箱码头应根据装卸设备配置、运营管理和维护能力,配置所需的机械、电气等备件,并建立备件管理制度。

9.1.5 自动化集装箱码头应在设备关键部位安装检测传感器,对运行和故障信息进行实时数据采集,并通过大数据分析进行预测性维护。

9.2 单机设备

9.2.1 自动化集装箱码头应定期检查码头前方作业地带以及堆场区域的坡度、码头及堆场区域的轨道变位等情况,确保满足自动化设备运转作业要求。

9.2.2 单机设备维护时,应行驶至码头特定区域进行故障排查、维修和保养等工作。

9.2.3 单机设备定期维护内容应包括设备维修、保养及自动化控制系统巡检,开展清洁、润滑、检查、调整、紧固、防腐、易损件和失效零部件更换等工作。

9.2.4 单机设备维护应包括以下内容:

1 对设备外表中污染区域进行清洁。

2 对整车的润滑部位、润滑点进行加注润滑脂工作,并根据动力、液压、制动等系统的润滑油(机油)、齿轮油、液压油、刹车油等的存量和使用时间,按需求进行添加或更换。

3 检查整车外观钢结构、制动系统、钢丝绳、操作手柄、按钮、限位等部位,以及轮廓扫描仪、监控摄像头等状况。

4 检查电控柜、高压进线柜内元器件及限位、传感器、网络设备等运行状况。

9.2.5 单机设备自动化控制系统定期巡检应包括以下内容:

1 检查并清洁工业电视系统摄像机,检查工业电视系统的图像清晰度,确保其符合设计要求。

2 检查并清洁所有自动化子系统的设备。

3 检查子系统的精度。精度未达到设计要求时,应根据要求重新标定。

4 对防摇及防扭系统摄像头的数据有效性进行检查。清晰度小于设计要求时,应及时进行维护。

5 对双小车装卸桥的中转平台位置进行测量。位置精度未到达设计要求时,应根据要求重新标定。

  6 门禁系统维护保养期间,必须严格执行禁行区设定和人员准入制度的相关要求,避免安全事故发生。

9.2.6 自动化集装箱码头应定期对单机设备的禁停系统、安全子系统进行测试。

9.2.7 自动化集装箱码头应定期对单机设备的视频系统、通信系统的实时性进行测试,确保信号延迟在规定范围内。

9.2.8 维护过程中若发现元器件异常时,应及时根据手册规定的更换元器件方法及操作步骤、参数设定方法,对相关参数进行设定。

9.2.9 故障修理过程中若发现元器件损坏时,应及时根据手册规定的元器件更换方法及步骤进行更换。若参数需进行重新设定,则应根据参数设定方法进行设定及确认。

9.2.10 故障维修过程中涉及安全相关参数的修改或调整时,应根据权限进行对应审核,并确保重新设定的参数在安全许可范围内。

9.2.11 故障维修过程中若发现存在手册中没有涵盖的故障诊断内容时,应及时对手册内容进行补充完善。

9.2.12 故障修复后,应试车以确认功能是否恢复正常。

9.2.13 自动化集装箱码头应配置设备远程故障监测与诊断系统,并宜配置智能化巡检设施。

9.3 信息化管理与控制系统

9.3.1 自动化集装箱码头远程操作中心的服务器、网络设备、远程操作台等应定期维护,维护内容应包括对主机系统运行状态、外部设备运行状态、连接件、使用环境、清洁状态、线缆布设及标签等检查。

9.3.2 自动化集装箱码头视频监控系统应进行定期维护,维护内容应包括摄像头、防护罩和镜头除尘以及清理,视频线路以及清晰度检查,硬盘录像机检查以及监控录像的备份和清理,设备散热、防雷、防干扰以及安全性检查等。

9.3.3 自动化集装箱码头信息化管理与控制系统应进行定期维护,维护内容应包括时钟服务器同步、数据备份和迁移、操作系统漏洞检查和补丁升级、病毒查杀、网络安全检查、故障记录梳理、系统日志分析、版本控制,并进行记录、反馈、修复、仿真测试和版本升级等工作。版本升级之前应做好版本和数据备份及版本回退准备工作。

9.3.4 自动化集装箱码头信息化管理与控制系统出现故障时,应及时处理并进行记录、反馈、修复、仿真环境验证、版本升级等工作。

9.3.5 自动化集装箱码头信息化管理与控制系统宜进行定期优化,优化内容应包括平均故障间隔关数分析、效率分析、流程梳理,并记录、反馈、修复、仿真环境验证、版本升级等。版本升级之前应做好版本和数据备份及版本回退准备工作,并应通过整体试运行对自动化系统进行调试、测试和总体评估工作。

附录 A 装卸设备与管控系统调试记录表

A.0.1 装卸设备调试记录表格式可参考表 A.0.1。

表 A.0.1 装卸设备调试记录表

设备编号		设备名称			
调试项目	执行技术标准	调试状况		结论	调试人员
1	机械部分				
1.1					
1.2					
2	液压部分				
2.1					
2.2					
3	电气部分				
3.1					
3.2					
4	控制部分				
4.1					
4.2					
5	通信部分				
5.1					
5.2					
6	其他				
6.1					
6.2					
审核意见		审核人		填报日期	

A.0.2 信息化管理与控制系统调试记录表格式可参考表A.0.2。

表 A.0.2 信息化管理与控制系统调试记录表

系统编号		系统名称			
调试项目		执行技术标准	调试状况	结论	调试人员
1	机房				
1.1					
1.2					
2	网络与通信				
2.1					
2.2					
3	信息化系统				
3.1					
3.2					
4	控制系统				
4.1					
4.2					
5	远程操作				
5.1					
5.2					
6	其他				
6.1					
6.2					
审核意见			审核人	填报日期	

附录 B 装卸设备与管控系统维护记录表

B.0.1 装卸设备维护记录表格式可参考表 B.0.1。

表 B.0.1 装卸设备维护记录表

设备编号		设备名称			
维护项目	维护方法	维护标准		维护情况	维护人员
1	机械部分				
1.1					
1.2					
2	液压部分				
2.1					
2.2					
3	电气部分				
3.1					
3.2					
4	控制部分				
4.1					
4.2					
5	通信部分				
5.1					
5.2					
6	其他				
6.1					
6.2					
审核意见		审核人		填报日期	

B.0.2 信息化管理与控制系统维护记录表格式可参考表 B.0.2。

表 B.0.2 信息化管理与控制系统维护记录表

系统编号		系统名称			
维护项目	维护方法	维护标准	维护情况	维护人员	
1	机房				
1.1					
1.2					
2	网络与通信				
2.1					
2.2					
3	信息化系统				
3.1					
3.2					
4	控制系统				
4.1					
4.2					
5	远程操作				
5.1					
5.2					
6	其他				
6.1					
6.2					
审核意见		审核人		填报日期	

本标准用词说明

1 为了便于在执行本标准条文时区别对待,对要求严格程度不同的用词说明如下:
  1)表示很严格,非这样做不可的用词:
    正面词采用"必须";
    反面词采用"严禁"。
  2)表示严格,在正常情况下均应这样做的用词:
    正面词采用"应";
    反面词采用"不应"或"不得"。
  3)表示允许稍有选择,在条件许可时首先应这样做的用词:
    正面词采用"宜";
    反面词采用"不宜"。
  4)表示有选择,在一定条件可以这样做的用词,采用"可"。
2 条文中指定应按其他有关标准、规范执行时,写法为"应符合……的规定"或"应按……执行"。

引用标准名录

1 《起重机设计规范》GB/T 3811
2 《道路交通标志和标线》GB 5768
3 《起重机车轮及大车和小车轨道公差 第1部分：总则》GB/T 10183.1
4 《岸边集装箱起重机》GB/T 15361
5 《用能单位能源计量器具配备和管理通则》GB 17167
6 《信息安全技术网络安全等级保护基本要求》GB/T 22239
7 《信息安全技术应用软件系统通用安全技术要求》GB/T 28452
8 《港口安全防范系统技术要求》GB/T 34316
9 《港口危险货物集装箱堆场安全作业规程》GB/T 36029
10 《建筑给水排水设计规范》GB 50015
11 《建筑设计防火规范》GB 50016
12 《供配电系统设计规范》GB 50052
13 《工业电视系统工程设计标准》GB/T 50115
14 《建筑灭火器配置设计规范》GB 50140
15 《汽车加油加气站设计与施工规范》GB 50156
16 《数据中心设计规范》GB 50174
17 《石油天然气工程防火设计规范》GB 50183
18 《起重设备安装工程施工及验收规范》GB 50278
19 《综合布线系统工程设计规范》GB 50311
20 《智能建筑设计标准》GB 50314
21 《建筑物电子信息系统防雷技术规范》GB 50343
22 《安全防范工程技术标准》GB 50348

23	《通信管道与通道工程设计规范》	GB 50373
24	《视频安防监控系统工程设计规范》	GB 50395
25	《消防给水及消火栓系统技术规范》	GB 50974
26	《电动汽车电池更换站设计规范》	GB/T 51077
27	《民用建筑电气设计标准》	GB 51348
28	《工业企业设计卫生标准》	GBZ 1
29	《土木工程用玻璃纤维增强筋》	JG/T 406
30	《水运工程环境保护设计规范》	JTS 149
31	《水运工程节能设计规范》	JTS 150
32	《码头岸电设施建设技术规范》	JTS 155
33	《海港总体设计规范》	JTS 165
34	《河港总体设计规范》	JTS 166
35	《码头结构设计规范》	JTS 167
36	《港口道路与堆场设计规范》	JTS 168
37	《码头结构加固改造技术指南》	JTS/T 172
38	《港口危险货物集装箱堆场设计规范》	JTS 176
39	《水运工程信息模型应用统一标准》	JTS/T 198
40	《水运工程混凝土施工规范》	JTS 202
41	《港口设备安装工程技术规范》	JTS 217
42	《水运工程质量检验标准》	JTS 257
43	《集装箱码头计算机管理控制系统设计规范》	JTJ/T 282
44	《港口设施维护技术规范》	JTS 310
45	《港口地区有线电话通信系统工程设计规范》	JTJ/T 343
46	《危险货物集装箱港口作业安全规程》	JT 397
47	《钢轨焊接 第1部分:通用技术条件》	TB/T 1632.1
48	《铁路轨道工程施工质量验收标准》	TB 10413
49	《海绵城市建设技术标准》	DG/TJ 08—2298

上海市工程建设规范

自动化集装箱码头建设技术标准

DG/TJ 08—2371—2021
J 15983—2021

条文说明

2022　上海

目 次

1 总 则 ·· 71
3 基本规定 ··· 72
4 总体设计 ··· 73
    4.2 平面布置 ·· 73
    4.3 装卸工艺 ·· 74
    4.4 道路与堆场 ····································· 76
    4.5 供电与照明 ····································· 78
    4.6 通 信 ·· 78
    4.7 中央控制室、数据中心与综合布线 ············ 79
    4.8 给水、排水与消防 ······························ 79
5 信息化管理系统 ····································· 81
    5.2 体系架构与系统配置 ··························· 81
    5.3 码头操作管理系统 ······························ 81
    5.4 设备管控系统 ·································· 82
    5.6 闸口管理系统 ·································· 82
    5.7 冷藏箱管理系统 ································ 84
6 单机设备控制系统 ································· 85
    6.2 集装箱装卸桥 ·································· 85
    6.4 水平运输设备 ·································· 85
7 施 工 ·· 86
8 调 试 ·· 87
    8.2 单机设备 ·· 87

9	维　护	88
	9.2　单机设备	88
	9.3　信息化管理与控制系统	88

Contents

1 General provisions ··· 71
3 Basic requirements ··· 72
4 General design ··· 73
    4.2 Layout arrangement ·· 73
    4.3 Container handling system ································· 74
    4.4 Road and yard ·· 76
    4.5 Power supply and lighting ··································· 78
    4.6 Communication ··· 78
    4.7 Central control room, data center and generic cabling ··· 79
    4.8 Water supply, drainage & fire fighting ·················· 79
5 Communication management system ···························· 81
    5.2 System frame & configuration ····························· 81
    5.3 Terminal operation system ·································· 81
    5.4 Equipment control system ·································· 82
    5.6 Gate management system ··································· 82
    5.7 Reefer container management system ··················· 84
6 Equipment control system ··· 85
    6.2 Quayside crane ··· 85
    6.4 Horizontal transport equipment ··························· 85
7 Construction ·· 86
8 Commissioning ··· 87
    8.2 Container handling equipment ····························· 87

9	Maintenance	88
9.2	Container handling equipment	88
9.3	Information management and control system	88

1 总 则

1.0.2 改建的自动化集装箱码头,包括对既有自动化集装箱码头的升级改建,例如现为部分自动化集装箱码头,升级改建为全自动化集装箱码头;也包括对既有传统集装箱码头的自动化改建。

3 基本规定

3.0.8 由于自动化集装箱码头实现了自动化作业区的现场无人化,而且为 24 h 不间断连续运行,为尽可能避免或减少工作人员进入自动化作业现场对生产造成影响,自动化集装箱码头应根据技术发展情况,采用自动化、智能化程度高的观测系统,以全面、准确、实时地获取所需的监测数据,提高监测效率并确保监测数据的连续性。

通过观测,可与自动化装卸与水平运输设备安全运行相关的码头结构、水平运输区、堆场箱区和轨道等的水平和垂直变位情况进行实时监测,并跟容许值进行动态对比,以及时提醒港方提早做好生产组织和计划安排,实现预防性维护。

4 总体设计

4.2 平面布置

4.2.5 水平运输设备采用自动导引运输车的全自动化集装箱码头前方作业地带布置可参见图1。

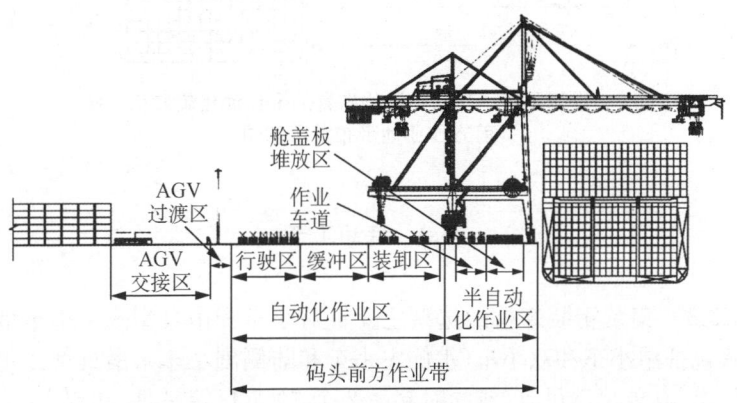

图 1 水平运输设备采用自动导引运输车的全自动化集装箱码头
前方作业地带布置示意图

4.2.6 堆场平行于码头前沿线布置的全自动化集装箱码头前方作业地带布置可参见图2。

4.2.18 改建和扩建的自动化集装箱码头应充分利用工程既有生产、生活辅助建筑物及设施,如规模及功能不能满足改建和扩建后的自动化集装箱码头运营和生产管理需求,可根据本标准的第4.2.16和第4.2.17条的要求进行补充。

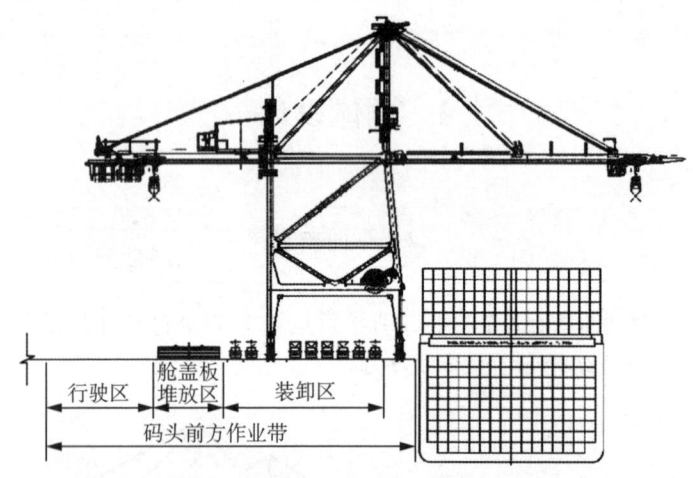

图 2 堆场平行于码头前沿线布置的全自动化集装箱码头前方作业地带布置示意图

4.3 装卸工艺

4.3.3 集装箱装卸桥的选型主要针对小车和吊具型式。小车型式包括单小车和双小车(水侧主小车和陆侧副小车),吊具型式包括单40英尺箱吊具(或同时起吊2个20英尺箱吊具)和双40英尺箱吊具(或同时起吊4个20英尺箱吊具)。

4.3.4 目前,应用于自动化集装箱码头的水平运输设备主要有自动导引运输车(AGV)、跨运车和集装箱拖挂车三大类。

自动导引运输车(AGV)采用地面磁钉进行定位导航。另外目前市场出现新一代智能型AGV,通过搭载北斗卫星导航系统、激光雷达SLAM、视觉SLAM以及多传感器融合定位等技术集成进行定位导航。

跨运车有两种机型,一种为仅用于集装箱水平搬运、提升高度为堆一过一、只运不堆的跨运车,本条所述的跨运车即为该机型;另一种为既用于集装箱水平搬运又用于堆场作业的跨运车,其提升高度一般为堆二过三或堆三过四。目前,采用跨运车作业方式的码头,受跨运车定位方式及定位精度的限制,大多采用分步实现自动化的策略,即近期跨运车采用人工驾驶,保证作业效率,远期随技术发展升级为无人驾驶,也有少部分码头直接采用无人驾驶的跨运车,故把跨运车归为现阶段可实现水平运输环节自动化的设备。

近几年,汽车行业的自动驾驶技术发展迅速,为新建自动化集装箱码头和传统集装箱码头自动化改建提供了一种全新、低成本和高效率的水平运输自动化解决方案。目前我国已有多个集装箱码头在进行自动驾驶集装箱拖挂车的应用试验,故把自动驾驶集装箱拖挂车也作为自动化集装箱码头水平运输设备的一种选择。

2 根据国际机动车工程师学会(SAE)对自动驾驶技术的分级,自动驾驶技术分5级。另根据现行国家标准《汽车驾驶自动化分级》GB/J 40429,将驾驶自动化分为0～5共6个等级。水平运输采用自动驾驶集装箱拖挂车时要充分考虑其技术现状,并结合工程项目具体的条件采用有利于港外人工驾驶车辆与港内自动驾驶车辆分离的工艺方案和工艺布置,如:设置港内、外集卡的箱区端部交接区,或设置空间隔离设施和时间隔离措施等,目的是让自动驾驶车辆能在相对封闭的环境中运行,保证作业安全和作业效率。此外,要实现自动驾驶车辆与人工驾驶车辆混编交通,除技术上满足要求外,还需考虑政策法规的符合性。

4.3.15 本条对轮胎式集装箱门式起重机的电力接入方式作出规定。

3 轮胎式集装箱门式起重机的电力接入包括电缆卷盘、低架滑触线和高架滑触线三种方式。

4.3.18 该公式引用行业标准《海港总体设计规范》JTS 165—2013中的集装箱码头泊位设计通过能力计算公式(7.10.7-1)和(7.10.7-2)。

4.3.19 该公式引用行业标准《海港总体设计规范》JTS 165—2013 中的集装箱码头堆场所需容量及地面箱位数计算公式(7.10.11-1)和(7.10.11-2)。

4.3.20 该公式引用行业标准《海港总体设计规范》JTS 165—2013 中的集装箱码头大门所需车道数计算公式(7.10.12)。

自动化集装箱码头闸口所需车道数应结合闸口的功能设置进行计算。当采用多级智能闸口时,闸口车道数应根据闸口功能,按进出港主闸口和预检、放行等其他功能闸口分别计算。

4.4 道路与堆场

4.4.1 本条对自动导引运输车或跨运车通行区分类作出规定(见表1)。

表1 自动导引运输车或跨运车通行区分类

主通行区	堆场与码头间自动化作业区、自动化集装箱堆场箱区内的作业通道
次通行区	用于自动导引运输车或跨运车测试、维修、充电的行驶区域

4.4.2 本条对自动化集装箱码头的道路与堆场地基设计作出规定。

2 本款在行业标准《港口道路与堆场设计规范》JTS 168—2017 条文规定基础上,新增了深厚软土地基条件下建设自动化集装箱码头道路堆场对于沉降的相关控制标准,主要依据中交第三航务工程勘察设计院有限公司所做的"深厚软土地基条件下自动化集装箱码头道路堆场设计新技术"课题报告研究成果给出的建议值,适用对象主要包括以下两类情况:①新建型港口:天然软土深厚,土体性质较差,受既有地基加固技术水平及设备能力制约,即使进行软基加固也难以完全加固到位,后续沉降量将超过30 cm;②已建改造型港口:软土地基条件尚属可加固范围,但原先未进行深层处理或采用回填块石形成陆域造成地基加固难度大。这类港口通常已使用多年，能够适应常规轮胎式集装箱门式起重机或正面吊运车装卸作业的使用需求，但残余沉降仍有可能超过 30 cm。提出前述深厚软基沉降控制标准有利于在保证安全可靠的前提下，堆场全寿命内的成本最低，满足建设方对于收益率最大化的需求。

5 传统集装箱码头自动化改建前应对地基使用现状进行相关调研，调研内容包括使用年限、使用荷载、使用频率等基本情况。同时宜采用钻孔勘察等手段对既有地基土进行取样分析，并结合自动化集装箱码头道路与堆场使用要求对承载力、沉降等控制标准进行判别。

4.4.3 本条对自动化集装箱码头的道路与堆场铺面结构设计作出规定。

4 道路与堆场的设计标准主要指铺面等级、使用年限、使用荷载、防磁范围、场地坡度等方面要求。

4.4.4 本条对自动化轨道式集装箱门式起重机基础设计作出规定。

2 自动化集装箱堆场地基工后沉降较大时，若采用桩基基础型式，使用期堆箱荷载会在临近桩基基础附近区域形成明显差异沉降，局部区段的坡度将超过 0.5% 以上，将影响堆场场桥对箱操作和降低作业效率，进而需对堆场进行大面积翻修。

3 目前自动化轨道式集装箱门式起重机大车定位装置主要采用定位磁钉或定位板，定位磁钉有防磁的需求，因此距离钢筋混凝土及铁质构件有一定距离要求，同时为保证设备高速运行下可以准确读取定位信息，定位装置安装精度亦有明确要求。

4.4.5 本条对钢轨系统技术要求作出规定。

3 焊接试验的目的是检验焊接工艺的可靠性，保证焊接接头处强度与本体强度一致。在明确了焊接工艺的基础上，大批量焊接接头的质量可通过超声波探伤检验。

4 目前钢轨成品自身顺直度的出厂标准低于安装标准中关

于焊接钢轨顺直度的要求,因此需根据安装级别要求在安装前进行校直。

5 高速轨由于设备行驶速度快,纵、横向水平冲击荷载大,同时施工时螺栓拧紧力矩不够等因素,在使用一段年限后均会出现不同程度的偏位,尤其是轨枕道砟基础结构可能偏位更大。因此,需选用更便于调整的钢轨锚固系统,以减小对生产运营的影响。

4.5 供电与照明

4.5.2 同一泊位上的集装箱装卸桥、同一箱区内的自动化集装箱堆场装卸设备由变电所内不同的母线段供电。当一段母线故障检修时,每个区域内还能保证部分或一台装卸设备可以使用。

4.5.3 本条规定是为了满足运行、管理人员在控制室内对变电所开关设备实施远程监控的要求。

4.5.4 变电所综合自动化系统是将变电所的二次设备(包括仪表、信号系统、继电保护、自动装置和远动装置)经过功能组合和优化设计,利用先进的计算机技术、现代电子技术和通信设备及信号处理技术,实现对变电所的主要设备和输配电线路的自动监视、测量、自动控制、微机保护以及与调度通信等综合性的自动化功能。

工业电视系统是保证运行以及管理人员在控制室内更加可靠、安全地对变电所实施远程监控的有效辅助手段。

4.5.6 本条规定的目的是为了降低系统损耗,提高系统稳定性,改善电能质量。

4.6 通 信

4.6.3 数字视频摄像机占用传输的带宽较大,为不影响自动化远程操控设备、数据网络的传输速率及使用带宽,故要求分别设置相应的传输网络。

4.7 中央控制室、数据中心与综合布线

4.7.1 本条对自动化集装箱码头中央控制室的设置位置作出规定。

  2 本款主要考虑各系统远程控制室与码头中央控制室合设在一起便于管理沟通,对于个别大型自动化集装箱码头各系统远程控制台数量较大,可在同一建筑物内分层建设。

4.8 给水、排水与消防

4.8.1 本条对自动化集装箱码头给水设计作出规定。

  2 生活给水系统、生产环保给水系统和消防给水系统采用的水源往往不同,生活给水系统采用城市自来水,生产环保给水系统和消防给水系统可采用回用水,即使三个给水系统均采用城市自来水,由于各港区生活用水、生产用水和消防用水的分类取费标准不同,因此各给水系统管网宜单独设置,且应分别计量。但当港区面积较大,且远离城区,设有专用的供水配套设施,各系统采用同一水源时,则综合考虑管网造价、管道水质等因素,采用室外管网合一的方式。

  4 某些项目如果条件许可,可结合海绵城市建设技术要求,进行平面布置和竖向设计,并采用渗、泄、蓄、净、用、排等技术措施,进行雨水控制和综合利用。但码头实施海绵型雨水系统设计时,应特别注意吹填区域防止冲砂的措施。

4.8.2 由于自动化集装箱码头和堆场占地面积大、用水点广且量多,为便于水表计量,并及时了解管网是否有漏损,可采用具有远传功能的水表。

4.8.3 本条对自动化集装箱码头排水设计作出规定。

1 不满足纳管条件的污水，应经处理达标后接入市政管网。工程区域附近无市政纳管条件的港区，应单独设置污水处理站，处理达标后排放或回用。相关处理标准应满足现行行业标准《水运工程环境保护设计规范》JTS 149 的有关规定及项目环境影响评价要求。

2 根据自动化集装箱码头维护工作人员少的特点，设计重现期宜取高值。

4.8.6 自动化集装箱堆场的箱区布设紧密，照度较低，设置的室外消火栓位于密堆箱区，在夜间较难寻找，故应在行车道设有明显的室外消火栓夜间指示标志。设室外地下式消火栓时，其井盖应涂设明显荧光漆，并注意维护补漆。

5 信息化管理系统

5.2 体系架构与系统配置

5.2.1 信息物理系统(CPS)是综合计算、网络和物理环境的多维复杂系统,通过 3C(Computer, Communication, Control)技术的有机融合与深度协作,实现大型工程系统的实时感知、动态控制和信息服务。CPS实现计算、通信与物理系统的一体化设计,可使系统更加可靠、高效、实时协同,在结构和性能等方面主要有以下几大特征:①信息与物理组件高度集成;②各物理组件都应具有信息处理和通信能力;③网络化的大规模复杂系统;④在时间和空间等维度上具有多重复杂性;⑤实现资源的高效动态组织与协调分配;⑥系统高度自治自动化,满足实时鲁棒控制;⑦系统安全、可靠、抗毁、可验证;⑧自学习、自适应、动态自治、自主协同。

5.3 码头操作管理系统

5.3.1 "随着生产变化可动态调整的软硬件环境"中的生产变化是指吞吐量、服务需求、作业流程、装卸工艺、外部监管条件、装卸设备、自动化程度、内部管理要求等变化。可动态调整的软硬件环境中的软件环境动态可调整指的是生产信息管理系统能够适应这种变化的要求,在功能及性能上可动态配置及调整;而硬件动态可调整指的是网络覆盖、中间层服务器、后台主机性能等也能够适应生产变化的要求进行灵活配置、动态调整。

5.3.2 当单机模式的业务处理量达到服务器自身所承载的极限时,把相同的代码复制几份部署到多台服务器上,同时提供业务服务，就构成了一个系统"集群"。在集群中的每台服务器都被称作为"节点"，所有节点构成了一个集群服务，每个节点都提供相同的服务，新增了多少个节点就相当于提升了多少倍的业务处理量。集群服务需要提供一个"负载均衡服务器"的管理设备或系统来平衡整个集群中各个"节点"的负载压力。

5.3.6 不同形态、不同方式是指软件开发商可以将相关模块以配置文件的方式储存，也可以将相关配置储存在后台数据库中，在运行时进行读取或调取。

5.3.7 自动化集装箱码头在超限箱、危险货物集装箱作业等仍采用人工装卸作业模式，但由于这些作业是局部的、时段性的，因此在系统中既要支持这些人工作业功能，又要考虑它同自动化装卸作业之间的有效协调，保证两种作业之间既有效协同又不相互影响，从而保证整体作业的连贯性。

5.4 设备管控系统

5.4.1 堆场场桥主要包括轨道式集装箱门式起重机和轮胎式集装箱门式起重机等。

5.6 闸口管理系统

5.6.1 洋山深水港区四期工程进港闸口采用了"预检、分流、放行"三级智能化闸口型式，第一道闸口设置有集装箱箱号识别系统、箱体定损系统（自动验残）、箱门识别、箱位识别、OCR车牌识别系统、RFID电子车牌识别、车道监控视频监控（CCTV）系统、电子挡杆等系统；第二道闸口设置有OCR车牌识别系统、RFID电子车牌识别、车道监控CCTV系统、电子挡杆、一体机、对讲系统、地磅采重等系统；第三道闸口设置有OCR车牌识别系统、车道监控CCTV系统、电子挡杆、一体机、对讲系统等系统。出港闸口一道设置有集装箱箱号识别系统、OCR车牌识别系统、车道监控CCTV系统、电子挡杆、地磅采重等系统。

伦敦Gateway DP World码头进港闸口设四级。第一道闸口功能为采集车号、箱号等信息，OCR识别率达到99%，车辆不停车通过，通行速度以40 km/h控制；第二道闸口功能主要为信息处理及核对；第三道闸口功能为分流和打印小票；第四道口功能为控制闸口。出港闸口设三级，第一道闸口的功能为采集信息；第二道闸口功能为信息处理及核对；第三道闸口功能为放行出港闸口。

鹿特丹Maasvlakte II自动化码头进港闸口设三级。第一道闸口为安全检查道口，要求司机出示通行证并输入预约号，并进行车牌识别；第二道闸口通过OCR设备识别集装箱箱号、箱型、危险品信息、残损情况、箱门朝向等信息；第三道闸口司机出示通行证并领取作业小票。出港闸口设三级。第一道闸口采集信息，识别箱号、车号并进行信息核对；第二道闸口司机出示车辆身份卡并确认箱残损情况；第三道闸口为放行出港闸口。

鹿特丹Euromax自动化码头进港闸口设三级。第一道闸口主要功能为安检，外集装箱拖挂车司机需停车通过刷卡和指纹扫描进行身份确认；第二道闸口主要功能为车号箱号识别及核辐射监测，进出港车辆均需经过此闸口。该闸口由3个门式架组成，第一个门式架处为摄像验残，第二个门式架上装有OCR等系统，第三个门式架处为核辐射检测仪，车辆通行速度需控制在15 km/h～30 km/h；第三道口为Euromax码头的进出港主闸口，主要进行信息核对和打印小票。出港闸口设四级。第一道和第二道闸口与进港的第二、第三道闸口共用，即出港车辆先经验残、箱号、车号识别和核辐射检测，然后经主闸口进行信息核对与确认；第三道出港闸口为海关闸口；第四道闸口集装箱拖挂车司机需再次刷卡进行身份识别。

5.6.4 其他运营管理系统主要包括集卡预约系统、口岸EIR平台等。

口岸 EIR 平台主要是集装箱运输、交接过程中，司机、运输公司等用户查询箱信息、破损情况以完成运输交接等过程。

5.7 冷藏箱管理系统

5.7.1 美国 RTE 公司于 2012 年推出了一套全新的冷藏箱管理系统，智能监控系统的介入端口是冷藏箱的数据接口，无论是新箱子还是旧箱子，每个冷藏箱上均配备有这个数据接口，从数据接口采集信号并通过局域网上传，功能达到 100% 的监控率（RTE 公司在洋山港区对不同厂家的冷藏箱的实际测试中达到 100% 的监控率），但考虑到其他因素（如个别冷藏箱数据接口在运输中损坏及个别冷藏箱数据接口设置在操作面板门后），其实际使用超过 95% 的监控率。

6 单机设备控制系统

6.2 集装箱装卸桥

6.2.3 本条对自动运行与定位子系统的技术要求作出规定。

4 吊具定位功能模块指采用图像处理技术或其他技术,计算出吊具空间位置和姿态信息的模块。目标定位功能模块指利用 3D 激光或其他技术实现对目标物体位置信息识别,检测的目标物体包括集装箱、集装箱拖挂车等。

6.4 水平运输设备

6.4.1 本条对自动导引运输车控制系统的技术要求作出规定。

2 上位系统指自动导引运输车车辆管理系统,负责调度控制自动导引运输车,保证自动导引运输车安全、高效地到达指定位置完成码头操作管理系统任务的软件系统。

7 施 工

7.0.1 根据行业标准《土木工程用玻璃纤维增强筋》JG/T 406—2013 第 6.2 条,检验组批以同一规格、同一种材料、同一生产工艺、稳定连续生产的 500 根为一批,不足此数量时,按一批计。根据上海市地方标准《土木工程用玻璃纤维增强复合材料(GFRP)筋》DB44/T 497—2008 第 6.2 条,出厂检验每 5 000 m 为一批,从中随机抽取 1‰作为试样,且不少于 5 根试件。

8 调 试

8.2 单机设备

8.2.4 安全风险评估指依据 EN ISO 12100 标准，对设备及系统进行分析，以确定伤害可能达到的严重程度和伤害发生的概率，并以风险分析为基础，判断设计中所采取的方法和手段是否已达到减小风险的目标，这是机器限制的确定、危险识别和风险估计的组合，包括了风险分析和风险评价在内的全过程。在项目实施完成后，需由具备资质的风险评估机构，对所有的安全方法及手段进行现场测试，并最终形成完整的风险评估报告。

8.2.7 单机设备自动化可靠性测试指为了测试单机所有自动化设备的工作状态、自动化流程的性能而设置的，设备依据某一固定工作流程连续作业，连续作业的时间不宜小于 8 h。在连续作业过程中，设备应始终保持无故障状态运行。如果发生停机故障，需及时查找原因并在解决后重新开始测试。

9 维 护

9.2 单机设备

9.2.1 应根据现行国家标准《起重机 车轮及大车和小车轨道公差 第 1 部分:总则》GB/T 10183.1 和装卸设备对轨道的适应性技术要求,对自动化装卸设备的运行轨道进行实时监测,如果变位超过允许范围时,应对轨道进行及时调整。

9.2.13 配置智能化巡检设置可提高对自动化作业区装卸设备的巡检效率,尽可能降低巡检对生产影响。

9.3 信息化管理与控制系统

9.3.3 版本升级指系统从低版本更新到高版本,版本回退指系统回退到上一个稳定的版本。

9.3.5 平均故障间隔关数为 MMBF(Mean Moves Between Fault)= Total No. of Moves/Total No. of Fault。该数据体现了故障率,用于评价系统的稳定性。